Tascabili Economici Newton
100 pagine 1000 lire
207

Titolo originale: *Qué es el budismo*

Prima edizione: febbraio 1995
Tascabili Economici Newton
Divisione della Newton Compton editori s.r.l.

Roma, Casella postale 6214

ISBN 88-7983-837-7

Stampato su carta Libra Classic della Cartiera di Kajaani
distribuita dalla Fennocarta s.r.l., Milano
Copertina stampata su cartoncino Fine Art Board della Cartiera di Aanekoski

Jorge Luis Borges
in collaborazione con Alicia Jurado

Cos'è il buddismo

A cura di Francesco Tentori Montalto

Edizione integrale

TEN

Tascabili Economici Newton

Tascabili Economici Newton, sezione dei Paperbacks
Pubblicazione settimanale, 25 febbraio 1995
Direttore responsabile: G.A. Cibotto
Registrazione del Tribunale di Roma n. 16024 del 27 agosto 1975
Fotocomposizione: GI Grafica Internazionale, Roma
Stampato per conto della Newton Compton editori s.r.l., Roma
presso la Rotolito Lombarda S.p.A., Pioltello (MI)
Distribuzione nazionale per le edicole: A. Pieroni s.r.l.
Viale Vittorio Veneto 28 - 20124 Milano - telefono 02-29000221
telex 332379 PIERON I - telefax 02-6597865
Consulenza diffusionale: Eagle Press s.r.l., Roma

Introduzione

Si trovano con frequenza nell'opera di Borges passi in cui sono toccati temi o aspetti della religione, così di quella cristiana come di altre fedi, specie orientali; e a questo proposito è dato osservare che l'Oriente è visto da Borges come l'altra dimensione dello spirito, contrapposta, non di rado criticamente, a quella propria dell'Occidente: l'altra dimensione, a non voler dire addirittura l'altro. *Si può, con questo, affermare che Borges è uno spirito, sia pure segretamente o dissimulatamente, religioso? No, il suo è uno spirito laico, scettico, abitato dal dubbio, alieno dalle certezze, si direbbe votato all'interrogazione e incline semmai ad accordare fiducia all'eventualità, al caso, sul piano mentale ed esistenziale. Ha lasciato del resto scritto — inequivocabilmente — che religione e filosofia (il secondo termine del binomio ha sempre affascinato Borges, tanto da indurlo a elaborare vere e proprie argomentazioni filosofiche) appaiono ai suoi occhi «due rami della letteratura fantastica». È forse possibile, allora, arrischiare l'ipotesi che la religione fosse per lui una tentazione e una nostalgia, fatto non raro in chi la frequenti senza lasciarsene attrarre — sedurne? — fino in fondo.*

L'Oriente, dunque, che nella sua variante giapponese ha eccitato ancor più la curiosità di Borges per la suggestione che la vicinanza di Maria Kodama, di padre giapponese, prima discepola poi moglie dello scrittore e fedele compagna dei suoi ultimi anni, ha potuto esercitare sulla sua mente. Tanto da spingerlo a stilare squisiti haiku *e* tanke *che non sfigurano, anzi, nella regione (la più segreta) che il poeta ha riservata alla dizione lirica, tra il molto scritto in versi.*

Ma veniamo al tema del libro, dettato — presumibilmente — alla solerte quanto discreta Alicia Jurado, la quale ha, nella premessa, la «probità» — è suo il termine — di dichiarare che il più del lavoro di collaborazione appartiene, come dubitarne?, a Borges, cui si debbono lo stile rapido, il linguaggio preciso e chiaro, e come vedremo l'ironia. Argomento di queste, che furono lezioni e conferenze, è il buddismo: il Budda nella leggenda e nella storia, i suoi antecedenti, la teoria della trasmigrazione e la dottrina del nirvana, il lamaismo, il buddismo in Cina e in Giappone e quello tantrico. Nulla però, com'era da aspettarsi, di pedantesco e di manualistico; invece, una sintesi libera, a volte audace negli accostamenti, e una visione che sottolinea i punti di contatto ma anche di attrito, le affinità e le diversità fra la tradizione e la mente orientale e quella occidentale. In tale sintesi, non possono mancare i riferimenti, che vanno dai pensatori greci (Parmenide, Zenone, Platone, Plotino) ai filosofi dell'Occidente (Spinoza, Hume, il venerato Schopenhauer, Berkeley — ma nessun accenno, a proposito del suo idealismo e dell'illusione sensoriale asserita dall'irlandese, a un titolo emblematico di Calderón de la Barca, La vida es sueño *— infine Bergson e Bertrand Russell); ai prediletti scrittori di lingua inglese (Shakespeare in primis, ma con lui Emerson, Kipling, Shaw), ai mistici europei (Angelus Silesius, John Donne, San Giovanni della Croce), alla cabala ebraica e all'Antico Testamento e ai Vangeli. A questi il riferimento è frequente, sia per sottolineare, come s'è accennato, le somiglianze tra cristianesimo e buddismo, sia le diversità; né al cristianesimo storico sono risparmiate le critiche: si veda la considerazione che il buddismo non ha mai fomentato guerre, insegnato invece la serenità e la tolleranza; e che le guerre di religione, contraddizione in termini, sono una prerogativa del giudaismo e delle religioni cristiana e islamica nate da quello e che «hanno ereditato quel metodo di conversione».*

Fra le dissimiglianze, Borges contrappone il pathos e la drammaticità dei Vangeli alla nudità e quasi insignificanza degli episodi della vita di Budda («paragonata a quella di un dio che accondiscende ad assumere forma umana e muore crocifisso tra due ladri, la storia del principe che lascia il suo palazzo e professa una vita austera è molto più povera»). Tra le somiglianze, la morte volontaria, di Budda come di Cristo; la tradizione secondo la quale, al solo annuncio di essa fatto da Budda, la terra trema, il sole si oscura e si scatenano tempeste; la tradizione, ancora, per cui alla nascita di Budda i ciechi vedono, i sordi odono, gli storpi camminano; la simmetria che unisce l'episodio del veggente Asita che, sceso dalle montagne all'annuncio della na-

scita di Budda, prende il bimbo in braccio e «piange perché si sa troppo vecchio per ricevere la dottrina» che egli predicherà, e quello di Simeone del Vangelo di Luca che può ormai «andarsene in pace», avendo veduto in fasce chi sarà la salvezza del popolo d'Israele (episodio cui non resterà insensibile Eliot); infine, Budda che accetta l'ospitalità della cortigiana come Gesù in casa del fariseo non disdegna il balsamo della peccatrice. Non manca, anche, attingendo questa volta alla culla greca della tradizione occidentale, il ricordo di Socrate che, come Budda, muore tra i suoi discepoli; e il secolo di Budda, ci rammenta Borges, è quello di Socrate, di Pitagora e di Eraclito.

E l'ironia, senza la quale Borges non sarebbe Borges? Basterebbe l'accenno alla «nuova religione comunista» che in Tibet ha sostituito il buddismo, o quello alla «superstizione democratica»; ma qualcosa di più pertinente all'argomento del libro è l'assimilazione del mappamondo buddista (una montagna piramidale con quattro facce — le dimore degli dèi e i paradisi dei giusti sono in cima, gli inferni alla base — circondata da sette mari concentrici; intorno, ruotano il sole, la luna e le costellazioni) a un cartone per il tiro al bersaglio; o la menzione del detto di Shaw per il quale la conversione di un negro del Congo alla fede di Cristo è in realtà la conversione della fede di Cristo in un negro del Congo.

In questa esposizione, d'altronde coscienziosa, del buddismo ritroviamo il Borges che abbiamo amato in tutte le sue espressioni poetiche, narrative e saggistiche: lo scettico sì, e il curioso di ogni manifestazione dello spirito umano, ma anche il sottile dialettico e lo stoico per il quale la vita e la morte sono esperienze interiori cui partecipare con animo vigile e sereno: posizione non lontana da quella di un Croce, da Borges citato e ammirato.

FRANCESCO TENTORI MONTALTO

Nota biobibliografica

LA VITA

1899. Nasce a Buenos Aires.
1908. La prima delle vacanze estive ad Adrogué, che sarà ricordata ripetutamente e nostalgicamente nella sua poesia.
1914. In Europa con la famiglia. A Ginevra fino al 1918. Visita l'Italia settentrionale.
1918. Per un anno a Lugano.
1919. In Spagna, a Mallorca, poi a Siviglia e a Madrid.
1920. A Madrid conosce Cansinos Assens e molti scrittori spagnoli. Collabora alle riviste di punta *Ultra* e *Grecia*.
1921. Ritorno a Buenos Aires, dove diffonde l'estetica «ultraista», fonda la rivista murale *Prisma* e pubblica un manifesto ultraista.
1922. Con Macedonio Fernández, silenzioso frequentatore dei caffè letterari che sarà in seguito ricordato da Borges, fonda la rivista *Proa*.
1923. Ancora in Europa: Londra, Parigi, Madrid.
1924. Nuovamente in Argentina, dà vita alla seconda serie di *Proa*.
1930. Conosce Adolfo Bioy Casares, col quale firmerà più di un libro a due mani.
1931. Comincia la sua collaborazione alla prestigiosa rivista *Sur*, fondata e diretta da Victoria Ocampo.
1938. Morte del padre, cieco come lo diverrà Borges. Bibliotecario.
1846. Perde il posto di bibliotecario, perché non favorevole al governo di Perón; per irrisione, viene nominato ispettore alla vendita del pollame, posto che rifiuta. Comincia la fitta attività di conferenziere.
1950. Presidente della Società argentina degli scrittori. Gli viene offerta la cattedra di letteratura inglese presso l'Associazione di cultura inglese e il Libero Collegio di studi superiori. Intensa attività di conferenziere.
1955. Caduta di Perón. È nominato direttore della Biblioteca Nazionale.
1956. È nominato docente di letteratura inglese nella facoltà di lettere e filosofia dell'Università di Buenos Aires. Gli viene assegnato il Premio nazionale di letteratura. La cecità progredisce.
1961. A Formentor riceve, con Samuel Beckett, il premio internazionale degli editori. La sua fama si diffonde nel mondo. Viaggi e conferenze negli Stati Uniti, dove si reca con la madre.
1963. Sempre con la madre, in Europa.
1964. Ancora in Europa: a Berlino, Parigi, Londra, Stoccolma, Copenhagen e in Spagna (Santiago de Compostela). Tiene numerose conferenze.
1965. In Perù, Colombia e Cile.
1967. Sposa Elsa Millán. Docente per un anno accademico ad Harvard.
1969. Negli Stati Uniti e in Israele. Laurea *honoris causa* ad Oxford.
1970. Divorzia. Premio internazionale di letteratura a San Paolo del Brasile.

1971. Negli Stati Uniti e in Islanda, Israele, Inghilterra e Scozia. Laurea alla Columbia University.
1972. Laurea nell'Università di Michigan.
1974. Ancora in Spagna. Ritorno di Perón e dimissioni di Borges dall'incarico di direttore della Biblioteca Nazionale.
1975. Morte della madre, di novantanove anni. Negli Stati Uniti con Maria Kodama, già sua allieva, poi segretaria e più tardi moglie.
1976. In Messico, Cile, Spagna e Stati Uniti.
1977. In Spagna, Francia e Italia.
1978. Laurea alla Sorbona. In Egitto.
1980. Negli Stati Uniti e in Europa. In Spagna gli è conferito il premio Cervantes di letteratura. In Svizzera, in Italia e in Giappone.
1981. A Roma gli viene assegnato il premio Balzan. In Spagna.
1982. Negli Stati Uniti, a Dublino e a Monaco.
1983. Negli Stati Uniti e a Parigi.
1984. A Palermo riceve il premio Novecento. Conferenze in Giappone.
1986. Muore in Svizzera, dove alla fine della vita è voluto tornare.

LE OPERE

Fervor de Buenos Aires (poesia), 1923
Luna de enfrente (poesia), 1925
Inquisiciones (saggi), 1925
El tamaño de mi esperanza (saggio), 1926
El idioma de los argentinos (saggio), 1928
Cuaderno San Martín (poesia), 1929
Evaristo Carriego, biografia di un poeta dei sobborghi di Buenos Aires, 1930
Discusión (saggi), 1932
Historia universal de la infamia (racconti), 1935
Historia de la eternidad (saggi), 1936
Antología de la literatura fantástica (con A. Bioy Casares e Silvina Ocampo), 1939
El jardín de los senderos que se bifurcan (racconti), 1941
Antología poética argentina (con Bioy Casares e Silvina Ocampo), 1941
Seis problemas para Isidro Parodi (racconto poliziesco, con Bioy Casares), 1942
Poemas, 1923-1943: comprende i primi tre libri di poesia, 1943
Los mejores cuentos policiales (racconti polizieschi con Bioy Casares), 1943
Ficciones (racconti), 1944
El Aleph (racconti), 1949
Otras inqisiciones (saggi), 1952
Prima edizione delle *Obras completas*, 1953
Cuentos breves y extraordinarios (antologia di racconti, con Bioy Casares) 1955
Manual de zoología fantástica (con Margarita Guerrero), 1957
Poemas, 1923-1958, 1958
El hacedor (poesia e prosa), 1960
Libro del cielo y del infierno (antologia di testi esoterici, con Bioy Casares), 1960
El otro, el mismo (poesia), 1964
Para las seis cuerdas (poesia), 1965

Crónicas de Bustos Domecq (racconti, con Bioy Casares), 1967
Elogio de la sombra (poesia), 1969
El informe de Brodie (racconti), 1970
El oro de los tigres (poesia), 1972
Obras completas, 1974
El libro de arena (racconti), 1975
La rosa profunda (poesia), 1975
Prólogos (raccolta delle sue prefazioni), 1975
La moneda de hierro (poesia), 1976
Qué es el budismo (saggio, con Alicia Jurado), 1976
Historia de la noche (poesia), 1977
Tres cuentos (racconti), 1977
La cifra (poesia), 1981
Ensayos dantescos (saggi), 1982
Atlas (prosa e poesia, con fotografie di luoghi dovute a Maria Kodama), 1984
Intensa attività di traduttore: Virginia Woolf, Faulkner, Michaux, Carlyle, Emerson, Melville, Whitman.

BIBLIOGRAFIA ESSENZIALE ITALIANA

MARIO BERNARDI GUARDI, *L'io plurale*, Milano, 1979
STELIO CRO, *J.L. Borges, poeta, saggista, narratore*, Milano, 1971
GÉRARD GENOT, *Borges*, Firenze, 1969.
ROBERTO PAOLI, *Percorsi di significato*, Firenze, 1977.
CESCO VIAN, *Invito alla lettura di Borges*, Milano, 1980.

In giornali e riviste hanno scritto su Borges: Paolo Milano, Guido Piovene, Mario Luzi, Claudio Magris, Giulio Nascimbeni, Pietro citati, Carlo Laurenzi, Leonardo Sciascia, Giuliano Gramigna, Giuseppe Pontiggia e altri.

Traduzioni in italiano

Nella collana *I Meridiani* (Mondadori, 1984-85) appaiono le seguenti:
Fervore (Domenico Porzio)
Luna di fronte (Domenico Porzio)
Quaderno San Martín (Domenico Porzio)
Evaristo Carriego (Vanna Brocca, già in Einaudi)
Discussione (Livio Bacchi Wilcock, già in Rizzoli)
Storia universale dell'infamia (Mario Pasi, già in Il Saggiatore)
Storia dell'eternità (Livio Bacchi Wilcock, già in Il Saggiatore)
Finzioni (Franco Lucentini, già in Einaudi)
L'Aleph (Francesco Tentori Montalto, già in Feltrinelli)
Altre inquisizioni (Francesco Tentori Montalto, già in Feltrinelli)
L'artefice (Francesco Tentori Montalto, già in Rizzoli)
L'altro, lo stesso (Francesco Tentori Montalto)
Per le sei corde (Domenico Porzio)
Elogio dell'ombra (Francesco Tentori Montalto, già in Einaudi)
Il manoscritto di Brodie (Livio Bacchi Wilcock, già in Rizzoli)
L'oro delle tigri (Juan Rodolfo Wilcock e Livio Bacchi Wilcock, già in Rizzoli)
Il libro di sabbia (Livio Bacchi Wilcock, già in Rizzoli)
La rosa profonda (Domenico Porzio)

Prologhi (Cesco Vian)
La moneta di ferro (Cesco Vian, già in Rizzoli)
Storia della notte (Domenico Porzio)
Tre racconti (Gianni Guadalupi, già in F.M. Ricci)
La cifra (Domenico Porzio)
Saggi danteschi (Gianni Guadalupi)
Atlante (Domenico Porzio)

Antologie

Antologia personale (F. Tentori Montalto, Silva, 1962)
Carme presunto (U. Cianciolo, Einaudi, 1969)
Poesie (L. Bacchi Wilcock, Rizzoli, 1980)
Dall'intimità (F. Tentori Montalto, Passigli, 1991)
Le più belle poesie di J.L. Borges (F. Tentori Montalto, Crocetti, 1994)
e tre volumi di *Conversazioni*, *Altre conversazioni*, *Ultime conversazioni* (F. Tentori Montalto, Bompiani, 1986, 1989, 1990)

F.T.M.

COS'È IL BUDDISMO

Precisazione

Jorge Luis Borges, con l'abituale generosità, ha voluto che il mio nome apparisse accanto al suo sulla copertina di questo libro, ma la probità mi obbliga a chiarire per il lettore la responsabilità di ciascuno degli autori. Appartengono a Borges il piano generale dell'opera, basata in gran parte sugli appunti per le conferenze sul buddismo tenute alla Libera Scuola di Studi Superiori, il modo di trattare il tema secondo un criterio personalissimo, e lo stile inconfondibile in cui è redatta. A me sono toccati i compiti di cercare e selezionare il materiale in testi più recenti, di apportare alcuni dati e suggerire qualche modificazione, e naturalmente quello di leggere, scrivere e predisporre il manoscritto per la stampa.

ALICIA JURADO

1. Il Buddha leggendario

Paul Deussen ha osservato che la leggenda del Buddha è una testimonianza, non di ciò che il Buddha fu, ma di ciò che pervenne ad essere in breve tempo; altri studiosi aggiungono che nel leggendario, nel mitico, l'essenza del buddismo ha trovato la sua espressione più profonda. La leggenda ci rivela quanto credettero innumerevoli generazioni di uomini devoti e che ancora perdura nella mente di una grande porzione dell'umanità.

La sua biografia comincia in cielo. Il Bodhisattva (colui che diverrà il Buddha, titolo che significa «il Ridesto») ha ottenuto, grazie ai meriti accumulati in infinite incarnazioni anteriori, di nascere nel quarto cielo degli dèi. Egli guarda, dall'alto, la terra e considera il secolo, il continente, il regno e la casta in cui rinascerà per essere il Buddha e salvare gli uomini. Sceglie sua madre, la regina Maya (nome che indica la forza magica che crea l'illusorio universo), moglie di Suddhodana, che è re nella città di Kapilavastu, a sud del Nepal. Maya sogna che le entra nel fianco un elefante con sei zanne, che ha il corpo del colore della neve e la testa color rubino. Destandosi, la regina non prova dolore né peso, ma benessere e agilità. Gli dèi creano un palazzo nel suo corpo; lì il Bodhisattva aspetta la sua ora pregando. Nel secondo mese di primavera la regina attraversa un giardino; un albero le cui foglie risplendono come le piume del pavone tende verso di lei un ramo, che la regina accetta con naturalezza; in quel momento il Bodhisattva si leva e nasce dal suo fianco destro senza causarle dolore. L'appena nato fa sette passi, guarda a destra e a sinistra, in alto, in basso, dietro e avanti a sé, vede che nell'universo non c'è altri uguale a lui e annuncia con voce di leone: *Sono il primo e il migliore; questa è la mia ultima nascita; vengo a porre fine al dolore, alla malattia e alla morte*. Due nubi versano acqua fredda e calda per il bagno della madre e del figlio; i ciechi vedono, i sordi odono, gli storpi camminano, gli strumenti musicali suonano da soli; gli dèi del quarto cielo si rallegrano, cantano e danzano; i reprobi nell'inferno dimenticano le loro pene. In quello stesso istante nascono la sua futura moglie, Yasodhara, il suo cocchiere, il suo cavallo, il suo elefante e l'albero alla cui ombra giungerà alla liberazione. Il bambino riceve il nome di Siddharta, ma è anche conosciuto con quello di Gotama, che fu adottato dalla sua famiglia, i Sakya.

La madre muore sette giorni dopo la nascita del Bodhisattva e ascende al cielo dei trentatré deva. Un veggente, Asita, ode il giubilo di quelle divinità, scende dalla montagna, prende il bimbo in braccio e dice: *È l'incomparabile*. Constata sul suo corpo i segni dell'eletto: un'alta corona organica a metà del cranio, ciglia di bue, quaranta denti ben uniti e bianchi, mascella di leone, altezza pari all'estensione delle braccia aperte, colore dorato, membrane interdigitali e un centinaio di forme disegnate sulla pianta del piede, tra le quali figurano la tigre, l'elefante, il fiore di loto, il monte piramidale Meru, la ruota e la svastica. Poi Asita piange, perché si sa troppo vecchio per ricevere la dottrina che il Buddha predicherà in futuro.

Gli interpreti del sogno di Maya hanno profetizzato che suo figlio sarà signore del mondo, cioè un grande re, e redentore del mondo. Suo padre vuole che si realizzi la prima delle profezie; fa erigere tre palazzi per Siddharta, dai quali tiene lontana qualsiasi cosa possa rivelargli la caducità, il dolore o la morte. Il principe si sposa a diciannove anni; prima, deve superare varie prove che includono la calligrafia, la botanica, la grammatica, la lotta, la corsa, il salto e il nuoto. Deve anche superare la prova dell'arco; la freccia scoccata da Siddharta cade più lontano di qualunque altra e, là dove cade, scaturisce una sorgente[1]. Codesti trionfi sono simboli della sua futura vittoria sul Demonio.

Dieci anni d'illusoria felicità trascorrono per il principe, dedicati al piacere dei sensi nel suo palazzo, il cui harem ospita ottantaquattromila donne; ma Siddharta una mattina esce nel cocchio e vede con stupore un uomo curvo «i cui capelli non sono come quelli degli altri, il cui corpo non è come quello degli altri», che si appoggia a un bastone per camminare e la cui carne è corsa da un tremito. Domanda che uomo sia quello: il cocchiere spiega che è un vecchio e che tutti gli uomini della terra diverranno come lui. A un'altra uscita vede un uomo divorato dalla leb-

[1] La ricerca di questa sorgente è uno dei temi centrali del *Kim* di Kipling.

bra; il cocchiere spiega che è un malato e che nessuno può dirsi esente da quel pericolo. A una terza uscita vede un uomo portato in una bara; quell'uomo immobile è morto, gli viene spiegato, e morire è la legge di chiunque nasce. Nell'ultima uscita vede un monaco degli ordini mendicanti che non desidera morire né vivere (nelle ultime forme della leggenda le quattro figure sono fantasmi o angeli). La pace è dipinta sul suo volto; Siddharta ha trovato la via.

La sera in cui prende la decisione di rinunciare al mondo gli annunciano che sua moglie ha dato alla luce un figlio. Torna nel palazzo; a mezzanotte si desta, attraversa l'harem e vede le donne addormentate. A una esce bava dalla bocca; un'altra, coi capelli sciolti e in disordine, sembra calpestata da elefanti; un'altra parla in sogno; un'altra ha il corpo pieno di ulcere; tutte sembrano morte. Siddharta dice: «Così sono le donne, impure e mostruose nel mondo degli esseri mortali; ma l'uomo, ingannato dalle loro grazie, le giudica desiderabili». Entra nella camera di Yasodhara; la vede dormire con la mano sulla testa del figlio. Pensa: «Se cambio di posto la mano, mia moglie si sveglierà; quando sarò Buddha tornerò e toccherò mio figlio».

Fugge dal palazzo, diretto a oriente. Gli zoccoli del cavallo non toccano terra, le porte della città s'aprono da sole. Attraversano un fiume, e lì accomiata il servo che lo accompagna, gli affida cavallo e vesti e si taglia i capelli con la spada. Li getta in aria e gli dèi li raccolgono come una reliquia. Un angelo che ha preso forma di asceta gli consegna i tre capi dell'abito giallo, la cintura, il coltello, la scodella per le elemosine, l'ago e il setaccio per filtrare l'acqua. Il cavallo torna a casa e muore dal dispiacere.

Siddharta rimane sette giorni in solitudine. Poi cerca gli asceti che abitano nella foresta; alcuni vanno vestiti d'erbe, altri di foglie. Non mangiano che frutta; alcuni si alimentano una volta al giorno, altri ogni due giorni, altri ogni tre. Professano culto per l'acqua, il fuoco, il sole e la luna. C'è chi se ne sta fermo su un solo piede e chi dorme su un letto di spine. Questi uomini gli parlano di due maestri che vivono al nord; i discorsi di questi maestri non lo soddisfano.

Siddharta va sulle montagne, dove trascorre sei duri anni dedito alla mortificazione e al digiuno. Non muta posto quando la pioggia o il sole cadono su lui; gli dèi lo credono morto. Capisce, alla fine, che gli esercizi di mortificazione sono inutili; si leva, si bagna nelle acque del fiume e mangia un pugno di riso. Il suo corpo riacquista immediatamente l'antico splendore, i segni che Asita aveva riconosciuti e la perduta aureola. Uccelli volano sulla sua testa per rendergli omaggio e il Bodhisattva si siede all'ombra dell'Albero della Conoscenza e si mette a pensare. Decide di non muoversi di lì finché non abbia ottenuto l'illuminazione.

Mara, dio dell'amore, del peccato e della morte, assale allora Siddharta. Questo magico duello o battaglia dura una parte della notte. Prima che esso abbia inizio, Mara si sogna vinto, perduto il diadema, appassiti i fiori e secchi gli stagni dei suoi palazzi, rotte le corde dei suoi strumenti musicali, coperta di polvere la testa. Sogna che nel combattimento non può estrarre la spada; tuttavia riunisce un vasto esercito di demoni, tigri, leoni, pantere, giganti e serpenti — alcuni alti come palme, altri piccoli come bambini —, cavalca un elefante della statura di centocinquanta miglia e assume un corpo con cinquecento teste, cinquecento lingue fiammeggianti e mille braccia, di cui ciascuno brandisce un'arma diversa. Gli eserciti di Mara scagliano montagne di fuoco su Siddharta; esse, per opera del suo amore, si mutano in palazzi fioriti. I proiettili formano un alto baldacchino sulla sua testa. Mara, vinto, ordina alle sue figlie di tentarlo; esse lo circondano e gli dicono che son fatte per l'amore e la musica, ma Siddharta rammenta loro che sono illusorie e irreali. Con un cenno del dito, le trasforma in vecchie decrepite. Coperto di confusione, l'esercito di Mara si disperde.

Solo e immobile sotto l'albero, Siddharta vede le sue infinite incarnazioni anteriori e quelle di tutti gli esseri; abbraccia con lo sguardo gli innumerevoli mondi dell'universo e la concatenazione di tutte le cause e gli effetti. Intuisce all'alba le quattro verità sacre. Non è più il principe Siddharta, è il Buddha. Le gerarchie degli dèi e i buddha futuri lo adorano, ma egli esclama:

> Ho percorso il circolo di molte incarnazioni
> cercando l'architetto. È duro nascere tante volte.
> Architetto, finalmente ti ho trovato. Non ricostruirai più la casa.

Qui ha termine (dice Karl Friedrich Köppen) la più antica forma della leggenda, il vangelo del Nepal e del Tibet.

Altri sette giorni rimane il Buddha sotto l'albero sacro; gli dèi lo nutrono, lo vestono, bruciano dinanzi a lui incenso, lo coprono di fiori e lo adorano. Piove, e un re serpente, un *naga*, si avvolge sette volte intorno al corpo del Buddha formando un tetto con le sue sette teste. Quando torna il sereno, il naga si trasforma in un giovane bramino che si prosterna e dice: «Non ho voluto spaventarti; la mia intenzione è stata proteggerti dall'acqua e dal freddo». Segue una breve conversazione, e il naga si converte al buddismo. Il suo esempio è imitato da un dio, che entra come seguace laico nell'ordine. I quattro re dello spazio offrono al Buddha quattro scodelle di pietra; egli, per non offendere nessuno, le fonde in una sola, che per quarant'anni gli servirà per ricevere le elemosine. Brahma scende dal firmamento con un grande seguito e prega il Buddha di cominciare la predicazione che salverà gli uomini. Il Buddha acconsente; il genio della terra comunica la sua decisione ai genî dell'aria, che a loro volta trasmettono la buona novella alle divinità di tutti i cieli.

Il Buddha s'incammina verso Benares. Entra dalla porta occidentale della città, chiede l'elemosina e si dirige al Parco dei Cervi. Là cerca cinque monaci ch'erano stati suoi compagni ma s'erano divisi da lui quando aveva rinunciato ai rigori dell'ascetismo; fa girare per essi la Ruota della Legge, mostra loro la Via di Mezzo, equidistante dalla vita dedita ai sensi e dalla vita austera, e insegna come annientare il dolore annientando il desiderio. I monaci si convertono. Quel giorno, dice uno dei libri canonici, ci furono sei santi sulla terra. In tal modo ebbero vita le tre cose sacre: il Buddha, la sua dottrina e il suo ordine.

Un giorno il Buddha arriva al Gange ed è costretto a passarlo a volo perché non ha le monete da dare al traghettatore; in un'altra occasione converte un naga, dopo un colloquio in cui entrambi gettano dalla bocca fumo e fuoco. Alla fine, il Buddha chiude il naga nella scodella.

Chiamato da suo padre, il Buddha torna a Kapilavastu seguito da ventimila discepoli. Lì converte, con altri, suo figlio Rahula e suo cugino Ananda. Alcuni pescatori gli portano un enorme pesce che ha cento teste diverse: d'asino, di cane, di cavallo, di scimmia, e via dicendo. Il Buddha spiega che in un'incarnazione anteriore il pesce è stato un monaco che si faceva beffe della semplicità dei suoi confratelli chiamandoli *testa di scimmia* o *testa d'asino*.

Devadatta, cugino e discepolo del Buddha, tenta una riforma dell'ordine: propone che i monaci si vestano di cenci, dormano all'intemperie, si astengano dal mangiare pesce, non entrino nei villaggi e non accettino inviti. Volendo usurpare il posto del Buddha suggerisce al principe di Magadha di assassinarlo. Sedici arcieri mercenari si appostano sulla via per ucciderlo, ma quando appare il Buddha la sua virtù e la sua autorità s'impongono loro, sicché desistono dal proposito. Devadatta allora lancia contro di lui un elefante selvaggio; l'animale frena la sua corsa e cade in ginocchio, vinto dall'amore. Altre versioni moltiplicano il numero di elefanti, che per di più sono ebbri; cinque leoni ruggenti escono dalle cinque dita del Buddha e gli elefanti, impauriti e pentiti, piangono. La terra finalmente ingoia Devadatta, il quale cade in uno degli inferni, dove gli è assegnato un corpo di fuoco lungo milleseicento miglia. Il Buddha spiega che quell'inimicizia è di vecchia data. Molti secoli prima un'enorme tartaruga aveva salvato la vita e l'equipaggio di un mercante di nome Ingrato, che aveva fatto naufragio; Ingrato aveva profittato del sonno della sua benefattrice per mangiarsela, e il Buddha conclude il racconto con queste parole: «Colui che fu mercante è oggi Devadatta e io fui quella tartaruga».

Nella città di Vesali, accetta l'invito della famosa cortigiana Ambapali, che poi fa dono del suo parco all'ordine. Si ricordi che Gesù, in casa del fariseo, non disdegna il balsamo offertogli da una peccatrice (Luca, VII, 36-50).

Trascorsi anni, Mara cerca di nuovo il Buddha e gli consiglia di abbandonare la vita, visto che l'ordine è ormai fondato e conta un buon numero di monaci. Il Buddha gli risponde che ha deciso di morire di lì a tre mesi. Appena dette queste parole, la terra trema, il sole si oscura, si scatenano tempeste e tutte le creature provano paura. La leggenda aggiunge che il Buddha avrebbe potuto vivere migliaia di secoli e che la sua morte è volontaria. Di lì a poco il Buddha ascende al Cielo di Indra e gli affida il mantenimento della sua legge; poi scende al Palazzo dei Serpenti, i quali a loro volta promettono di osservarla. Le divinità, i serpenti, i demonî, i genî della terra e delle stelle, i genî degli alberi e dei boschi chiedono al Buddha di rinviare la sua morte, ma egli risponde che la fugacità è la legge di tutti gli esseri e che vale anche per lui. Cunda, figlio di un fabbro, gli offre a Kusinara un pezzo di carne salata di maiale o secondo altri alcuni tartufi; quel cibo aggrava il male che il Buddha già sentiva e i cui segni aveva tenuti a bada per mezzo della volontà, per non entrare nel *nirvana* senza accomiatarsi dai suoi monaci. Si lava, beve acqua e si distende sotto un gruppo d'alberi per morire. Gli alberi improvvisamente fioriscono; sanno forse che quell'uomo vecchio e malato è il Buddha. In punto di morte, egli profetizza futuri scismi e discordie, raccomanda l'osservanza della legge e dispone i propri riti funebri. Muore stando disteso sul fianco destro, con la testa rivolta al nord e il volto a occidente. Entra in estasi e così muore. Muore tra i suoi discepoli, come Socrate: all'annottare, ora in cui sembra facile la morte.

Alle porte della città bruciano il cadavere e celebrano riti solenni, come si trattasse di un gran re, il re che Siddharta non aveva voluto essere. Prima di darlo alle fiamme lo onorano con danze, composizioni poetiche e giochi che durano sei giorni. Al settimo, collocano il corpo sulla pira; quattro, poi otto e sedici uomini tentano invano di accenderla; alla fine una fiamma esce dal cuore del Buddha e consuma il corpo. Una *uma* raccoglie le ossa calcinate, sulle quali viene versato miele affinché nessuna particella si perda. L'amalgama si divide in tre parti: una per gli dèi, che la serbano in tumuli celesti; una per i naga, che la collocano in sepolcri sotterranei; l'ultima per otto re, che edificano sulla terra otto monumenti, cui si recheranno generazioni di pellegrini.

Tale è, a grandi linee, la vita leggendaria del Buddha. Prima di esprimere al riguardo un'opinione, è opportuno ricordare alcune cose.

Paul Deussen, nel 1887, si divertì a immaginare che i possibili abitanti di Marte inviassero sulla terra un proiettile contenente la storia e l'esposizione della loro filosofia e rifletté sull'interesse che avrebbero suscitato quelle dottrine, indubbiamente assai diverse dalle nostre. Osservò poi che la filosofia dell'Indostan, rivelata nei secoli diciottesimo e diciannovesimo, era per noi non meno strana e affascinante di quella di un altro pianeta. Tutto in essa, effettivamente, è diverso, anche la connotazione delle parole. Quando leggiamo che il Buddha entra nel fianco di sua madre in forma di giovane elefante bianco munito di sei zanne, la nostra impressione è di mera mostruosità. Il sei tuttavia è un numero abituale per gli indiani, che adorano sei divinità chiamate le sei porte di Brahma e hanno diviso lo spazio in sei direzioni: nord, sud, est, ovest, in alto e in basso. La scultura e la pittura dell'Indostan inoltre hanno diffuso immagini molteplici per illustrare la dottrina panteistica secondo la quale Dio è tutti gli esseri. Quanto all'elefante, animale domestico, esso è simbolo di mitezza.

Per questo riassunto della leggenda del Buddha sono stati consultati due testi. Il primo è il *Lalitavistara*, nome che Winternitz traduce *Minuziosa narrazione del giuoco (di un Buddha).* Quando studieremo la scuola del Gran Veicolo, vedremo la ragione di tale denominazione. L'opera è stata redatta nei primi secoli della nostra era. Il secondo testo è il *Buddhacarita*, poema epico attribuito ad Asvaghosha, che visse nel primo secolo dell'era cristiana. Una biografia tibetana del poeta afferma che egli percorreva i mercati accompagnato da cantori e cantatrici, predicando la fede del Buddha al suono di malinconiche strofe di cui componeva parole e musica. Il poema fu scritto in sanscrito e tradotto in cinese, tibetano e, nel 1894, in inglese.

2. Il Buddha storico

Nel caso del Buddha, come degli altri fondatori di religioni, il problema principale dello studioso sta nel fatto che non esistono due testimonianze ma una soltanto: quella della leggenda. I fatti storici sono celati nella leggenda, che non è un'invenzione arbitraria ma una deformazione o esaltazione della realtà. È noto che i letterati dell'Indostan sono soliti elaborare iperboli e magnificenze, mentre ignorano i particolari precisi; se ne troviamo nella leggenda, possiamo arguirne che rispondono alla verità. Nel capitolo precedente abbiamo visto che Siddharta aveva ventinove anni quando abbandonò il suo palazzo; tale cifra dev'essere esatta, poiché pare non racchiuda alcuna connotazione simbolica. Ci viene detto che fu discepolo di diversi maestri; anche questo è verosimile, giacché maggior stupore avrebbe causato l'affermazione che trasse la sua dottrina da se stesso e che nessuno gli insegnò alcunché. Lo stesso ragionamento va applicato alla causa immediata della sua malattia e della morte: nessun evangelista avrebbe inventato la carne salata e i tartufi che affrettarono la fine dell'asceta.

Siddharta, prima di divenire asceta, fu un principe; è da ritenere inevitabile che quanti diffusero la sua storia esagerassero lo splendore che l'aveva circondato in un primo tempo, per aumentare il contrasto fra le due epoche della sua vita. In Suddhodana, Oldenberg vede un grande e ricco possidente la cui ricchezza proveniva dalla coltivazione del riso e non un monarca. Il fatto che il suo nome sia stato tradotto con Riso Puro e Colui che ha Alimento Puro sembra giustificare tale ipotesi.

Il leggendario avvolge l'intera vita del Buddha, ma è soprattutto profuso nel periodo che precede la proclamazione della sua legge. L'itinerario dei suoi viaggi dev'essere autentico, a giudicare dalla precisione della topografia. Ci resta dunque la cronaca minuziosa di quarantacinque anni d'insegnamento, dalla quale basta togliere alcuni miracoli.

Non è forse fuori luogo rammentare che il secolo VI avanti Cristo, nel quale visse il Buddha, fu un secolo di filosofi: Confucio, Lao Tse, Pitagora ed Eraclito furono suoi contemporanei.

Per un occidentale è inevitabile paragonare la storia o leggenda del Buddha a quella di Gesù. Questa è ricca di indimenticabili tratti patetici e di circostanze d'insuperabile drammaticità; paragonata a quella di un dio che accondiscende ad assumere forma umana e muore crocifisso tra due ladri, la storia del principe che lascia il suo palazzo e professa una vita austera è molto più povera. Si rifletta tuttavia sul fatto che la negazione della personalità è uno dei dogmi essenziali del buddismo e che aver inventato una personalità attraente dal punto di vista umano avrebbe significato contraddire il proposito fondamentale della sua dottrina. Gesù conforta i suoi discepoli dicendo loro che se due di essi si riuniscono nel suo nome, Egli sarà il terzo; il Buddha, in circostanze analoghe, dice che egli lascia ai discepoli la sua dottrina. Edward Conze ha osservato giustamente che l'esistenza di Gotama come individuo è di scarsa importanza per la fede buddista. Aggiunge, nello spirito del Grande Veicolo, che il Buddha è una specie di archetipo che si manifesta nel mondo in diverse epoche e per mezzo di diverse personalità, le cui caratteristiche non hanno importanza. La passione di Cristo si verifica una sola volta ed è il centro della storia dell'umanità; la nascita e l'insegnamento del Buddha si ripetono ciclicamente ad ogni periodo storico e Gotama è un anello in una catena infinita che si protende verso il passato e il futuro.

La fastosa vita e la poligamia del Buddha leggendario possono urtare certi pregiudizi occidentali, ma è bene ricordare che esse rispondono alla concezione indiana secondo la quale la rinunzia è il coronamento della vita e non il suo inizio. Ancor oggi, nell'Indostan, non è raro il caso di uomini che, alle soglie della vecchiaia, lasciano la loro famiglia e i loro beni e intraprendono la vita errante dell'asceta.

Scrive Edward Conze: «...per lo storico cristiano o agnostico, solo il Buddha umano è reale, mentre il Buddha spirituale o magico sono nient'altro che invenzioni. Diverso il punto di vista del credente. L'essenza del Buddha e il suo corpo glorioso vengono in primo piano, mentre il suo corpo umano e la sua esistenza storica sono soltanto vesti che coprono il suo splendore spirituale».

Le difficoltà che si presentano allo storico occidentale del buddismo sono un particolare di un problema più ampio. Al pari di Schopenhauer, gli indiani disdegnano la storia e difettano pertanto di senso cronologico. Alberuni, scrittore arabo del principio dell'undicesimo secolo, che passò tredici anni in India, scrive: «Agli indù importa poco l'ordine dei fatti storici o la successione dei re. Se si fanno loro domande, improvvisano una qualunque risposta». Oldenberg, che vuol difenderli da tale giudizio, invoca una storia o cronaca intitolata *Il fiume di monarchi*, nella quale un ragià regna per trecento anni, e un altro settecento anni dopo il regno di suo figlio. Deussen invece osserva: «Gli storici comuni (che non perdonano a un Platone di non essere stato un Demostene) dovrebbero cercare di capire che gli indiani si trovano a un livello che non permette loro di estasiarsi, come gli egizi, compilando elenchi di re o, per dirlo nel linguaggio di Platone, enumerando ombre». La verità, per scandalosa che sia, è che agli indiani importano più le idee che le date e i nomi propri. Non è affatto inverosimile l'ipotesi fatta, secondo la quale la menzione di Kapilavastu (dimora di Kapila) come città natale di Gotama possa essere un modo simbolico di suggerire la grande influenza di Kapila, fondatore della scuola Sankhya, sul buddismo.

Per l'indiano che studia filosofia, le diverse dottrine sono idealmente contemporanee. La più o meno precisa cronologia dei sistemi filosofici dell'India è stata stabilita da europei: da Max Müller, da Garbe, da Deussen.

3. Antecedenti del buddismo

Il Sankhyam

Abbiamo visto che la tradizione scelse la città di Kapilavastu come luogo di nascita del Buddha perché nella sua dottrina ci sono echi di quella insegnata da Kapila, fondatore del Sankhyam; ma è più verosimile pensare che quegli echi, a quanto pare indiscutibili, si debbano al fatto che il Buddha nacque nella patria di Kapila, dove il Sankhyam e la sua terminologia erano ben noti. Quando il buddismo fu in auge, la città era meta di pellegrinaggi. Il monaco cinese Hsuang Tsang visitò le sue rovine al principio del VII secolo e, tornato in patria, introdusse nel Celeste Impero l'idealismo o negazione della realtà del mondo esterno.

Sankhyam in sanscrito vuol dire enumerazione. Garbe ci informa che i bramini chiamarono «filosofia dell'enumerazione» il sistema di Kapila, per farsi beffe delle sue divisioni e sottodivisioni, e che il nomignolo gli rimase.

Il Sankhyam è dualista. Dall'eternità esiste una materia complessa, chiamata *Prakritî*, e un infinito numero di *Purushas* o anime individuali e immateriali. La Prakritî consta di tre fattori, i *gunas*: il primo, *sattva*, corrisponde a quanto è lieve e luminoso negli oggetti, al benessere e alla felicità nei soggetti; il secondo, *rajas* , corrisponde a ciò che è forte e attivo negli oggetti e alla passione e aggressività nei soggetti; il terzo, *tamas*, a quanto è oscuro e pesante negli oggetti e nei soggetti all'indifferenza e al sonno. Il primo guna predomina nel mondo degli dèi, il secondo in quello degli uomini, il terzo nel mondo animale, vegetale e minerale. Secondo questa teoria, la gioia o il dolore che cagionano le cose si trova, letteralmente, in esse. Il piacere che ci dà il vedere fiori si trova nei fiori. L'origine dei diversi colori è attribuita ai *gunas*: il predominio del *sattva* produce il giallo e il bianco, quello del *rajas* il rosso e l'azzurro, quello del *tamas* il grigio e il nero. Un paragone classico compara i *gunas* ai capelli che si intessono per fare una treccia.

I *Purushas*, uniti alla materia, formano gli esseri viventi. In ciascuno di essi dobbiamo distinguere il corpo materiale e il corpo etereo o anima psichica, fatto d'una sostanza sottile. Il *Purusha*, che per muoversi ha bisogno del corpo, è paragonato a uno storpio; la *Prakritî*, che non può sentire e vedere senza l'anima, a una cieca. Il corpo materiale perisce in ogni incarnazione con la morte dell'uomo; il corpo etereo o sottile è immortale e accompagna l'anima nel ciclo delle trasmigrazioni. Il suo nome sanscrito è *linga* e consta di tredici organi: il raziocinio, il principio d'individuazione (cioè l'illusione che ci induce a pensare «io parlo, sono potente, tocco, uccido, muoio»), il *manas* o organo centrale e via dicendo. Secondo alcuni maestri del Sankhyam non esistono percezioni simultanee, ma ciascuna ha durata infinitesimale; crediamo di vedere un colore e insieme di udire un suono, come crediamo di vedere un ago che attraversa simultaneamente cento foglie sovrapposte di loto.

L'anima immateriale è uno spettatore, un testimone, non un attore nei confronti delle cose. Quando il corpo sottile o anima psichica intuisce questa verità, cessa l'unione dell'anima con la materia. L'anima e i due corpi, il materiale e il sottile, si separano. L'anima psichica giunge a una tale convinzione mediante esercizi ascetici; la aiuta in ciò il primo *guna*, il *sattva*. L'anima liberata dai suoi corpi non si riunisce a un'anima totale, ma raggiunge l'assoluta incoscienza. I testi la paragonano a uno specchio sul quale non si posa alcun riflesso, a uno specchio vuoto. Tale incoscienza non è mera privazione o annientamento; l'anima, che prima era testimone della veglia e dei sogni, ora lo è del sonno profondo.

Per illustrare la tesi che fondamentalmente siamo spettatori e non attori, i maestri del Sankhyam ricorrono a una bella metafora. Chi assiste a una danza o a una rappresentazione teatrale, finisce con l'identificarsi coi danzatori o con gli attori; lo stesso accade a ciascuno coi suoi pensieri e azioni. Dalla nascita alla morte non facciamo che osservare qualcuno e dividere con lui i suoi stati fisici e mentali; tale intima convivenza crea in noi l'illusione di essere colui. Analogamente, Victor Hugo intitolò la sua autobiografia *Victor Hugo raconté par un témoin de sa vie*.

A somiglianza di altri sistemi filosofici dell'India, il Sankhyam è ateo; ciò non impedisce che i bramini lo considerino ortodosso, giacché tra gli indiani, l'ortodossia non è definita dalla credenza in una divinità personale ma dalla venerazione dei Veda, che sono le raccolte di inni, preghiere, formule magiche e riti che formano il più antico monumento letterario dell'Indostan. D'altronde l'ateismo del Sankhyam non è aggressivo; il sistema esclude un Dio onnipotente, ma non le innumerevoli divinità della mitologia popolare. Garbe cita un testo che dice: «Dio non può aver fatto il mondo per interesse, perché non abbisogna di nulla; né per bontà, giacché nel mondo c'è la sofferenza. Dunque, Dio non esiste»[1].

Non mancano invece frecciate anticlericali. Kapila enumera diverse servitù umane; una delle più perniciose, secondo lui, è quella di chi deve fare regali ai sacerdoti.

Il Vedanta

Come tutte le religioni e le filosofie dell'Indostan, il buddismo presuppone le dottrine dei Veda. La parola Veda significa «sapienza» e la si applica a un vasto insieme di testi antichissimi che, prima di venire stabiliti nella scrittura, erano stati trasmessi oralmente di generazione in generazione. Il Corano è un testo sacro, la Bibbia è un complesso di libri che furono dichiarati canonici da più d'un concilio; mentre l'indole divina dei Veda è stata riconosciuta in India da un'epoca immemorabile. Inni, preghiere, incantagioni, formule magiche, litanie, commenti mistici e teologici, meditazioni ascetiche e interpretazioni filosofiche formano i Veda. Si crede siano opera della divinità che, al termine di ciascuno degli infiniti annientamenti dell'universo, li rivela a Brahma; questi, mediante le parole dei Veda, che sono eterne, crea un nuovo universo. Così la parola *pietra* è necessaria affinché vi siano pietre in ogni nuovo ciclo cosmico.

La più famosa delle scuole filosofiche, il Vedanta, ha le sue radici nei Veda; Vedanta vuol dire «Finale» o «Culmine dei Veda». Si tratta di un monismo panteista, affine alle dottrine occi-

[1] Lattanzio, secondo Voltaire, attribuisce ad Epicuro un argomento simile: «Se Dio vuole sopprimere il male e non può farlo, è impotente; se può e non vuole, è malvagio; se non vuole né può, è insieme malvagio e impotente; e se vuole e può, come spiegare la presenza del male nel mondo?».

dentali di Parmenide, Spinoza e Schopenhauer. Per il Vedanta esiste una sola realtà, che viene chiamata Brahman (Dio) o Atman (anima) secondo che la si consideri dal punto di vista oggettivo o soggettivo. Questa realtà è impersonale e unica; né nell'universo né in Dio si dà molteplicità. Il lettore ricorderà che in modo analogo Parmenide negò che vi fosse varietà nel mondo; Zenone di Elea, suo discepolo, formulò i suoi paradossi per provare che le nozioni correnti di tempo e spazio conducono a risultati assurdi. Per Sankara esiste un solo soggetto di conoscenza; la sua essenza è eterno presente.

Brahman distrugge e crea l'universo ciclicamente: entrambe le operazioni sono d'indole magica o allucinatoria. Già nei Veda Dio è l'Incantatore che crea il mondo delle apparenze mediante la forza magica di Maya, l'illusione. Due motivi assai diversi son stati suggeriti per giustificare il periodico sorgere ed essere annientato dell'universo; per alcuni il processo cosmico è naturale e involontario come la respirazione; per altri è un giuoco infinito dell'oziosa divinità. Si ricordino le parole di Eraclito: «Il tempo è un bambino che giuoca a dama; un bambino esercita il potere reale», e il verso del mistico tedesco del diciassettesimo secolo Angelus Silesius: «Tutto questo è un giuoco con cui la divinità si diverte».

Per illustrare la natura fittizia del mondo, Sankara ci parla dell'errore in cui cade chi prende una corda per un serpente; dietro il serpente immaginario c'è una corda reale, dietro tutte le corde e i serpenti c'è una realtà, che è Dio. La nostra ignoranza ci fa supporre che la corda sia un serpente e l'universo una realtà; Sankara afferma che l'universo è frutto dell'ignoranza e dell'illusione e che entrambe sono aspetti di una medesima essenza. Non esistono Maya e Dio separatamente; Maya è un attributo di Dio, come il calore e lo splendore sono attributi del fuoco. Per chi è giunto alla visione diretta di Dio, questi non può più creare illusioni. Il cosmo è l'illusione cosmica; il corpo, l'Io e la nozione di Dio come creatore sono aspetti parziali di tale illusione. La salvezza dev'essere cercata nel Vedanta, che insegna l'irrealtà delle cose e la realtà d'una sola cosa indeterminata: Dio o l'anima. Il Vedanta dev'essere studiato con un maestro, la cui ultima lezione sarà: Tu sei Brahman. Una volta intuito tale insegnamento, l'uomo resta ancora nel corpo e nel mondo, ma è a conoscenza della loro natura illusoria. Dio è Beatitudine, e l'anima liberata lo è del pari. È evidente l'affinità di tali dottrine con quella del buddismo.

La dottrina del Vedanta si riassume in due famosi detti: *Tat twam asi* (Codesto sei tu) e *Aham brahmasmi* (Sono Brahma). Entrambe affermano l'identità di Dio e dell'anima, dell'uno e dell'universo. Questo significa che l'eterno principio di ogni essere, che proietta e annienta mondi, è in ognuno di noi, pieno e indivisibile. Se il genere umano andasse distrutto e si salvasse un solo individuo, l'universo si salverebbe con lui.

Altri maestri del Vedanta aggiungono che l'errore fondamentale delle anime è identificarsi con i corpi che abitano e ricercare piaceri sensuali, che le legano al mondo e sono la causa di successive reincarnazioni. Compiere disinteressatamente i doveri che i Veda ci comandano conduce alla salvezza. Dobbiamo amare il Creatore, non le creature.

Dopo la morte, l'anima liberata è, a somiglianza di Dio, pura coscienza, ma non si confonde con Dio, che è infinito. Questa è la dottrina di Ramanuja; altri affermano che le anime individuali si perdono nella divinità come la goccia di rugiada nel mare; si ricordi il verso finale di *The Light of Asia* di Sir Edwin Arnold:

> *The dewdrop slips into the shining sea.*[2]

In un testo del Vedanta si legge: «Come l'uomo che sogna crea molteplici forme ma rimane uno solo; come gli dèi e gli incantatori proiettano, senza modificare la loro natura, cavalli ed elefanti, così il mondo esce da Brahman e non lo modifica». Illustrano splendidamente quanto precede questi versi del panteista persiano del secolo XIII Jalal-Uddin Rumi: «Sono colui che tende la rete, sono l'uccello, sono l'immagine, lo specchio, il grido e l'eco». Analogamente, Schopenhauer scrive: «Un solo essere sono il torturatore e il torturato. Il torturatore è in errore credendo di non partecipare alla sofferenza; il torturato è in errore, credendo di non aver parte nella colpa». La poesia *Brahma* di Emerson comincia così:

> *If the red slayer thinks he slays,*

[2] La goccia di rugiada si perde nel mare risplendente.

or if the slain thinks he is slain,
they know not well the subtle ways
I keep, and pass, and turn again.[3]

E più avanti:

They reckon ill who leave me out:
when me they fly, I am the wings;
I am the doubter and the doubt,
and I the hymn the Brahmin sings.[4]

Anche Baudelaire dirà: *Je suis le soufflet et la joue*, lo schiaffo e la guancia.

Nel Bhagavad-Gita o Canto del Signore, che è un poema intercalato nel Mahabharata, Arjuna, in procinto di entrare nella battaglia, pensa che combatterà contro i suoi; lascia cadere le frecce e l'arco e si siede, scorato. In entrambi gli eserciti egli vede «maestri, padri, figli, nipoti, gente del suo sangue», e decide di farsi uccidere. Krishna, che guida il suo carro da guerra ed è un dio, gli spiega che la battaglia è illusoria. Gli dice: «Mai io non fui, mai non fosti, mai non furono questi principi, mai giungerà il giorno in cui non saremo... Chi pensa che questi uccide e quegli è ucciso non ha discernimento; nessuno uccide e nessuno è ucciso... Chi abita i corpi lascia i corpi usati e passa in nuovi corpi. Le spade non lo feriscono, il fuoco non lo brucia, le acque non lo bagnano, i venti non lo asciugano...». Poi aggiunge: «La battaglia è una porta per entrare in Paradiso». A queste parole si paragonino quelle di Plotino: «L'attore che muore sulla scena cambia maschera e riappare in un'altra parte, non è morto davvero. Morire è cambiare corpo come gli attori cambiano maschera».

Il Vedanta ammette l'esistenza di cieli. Uno di essi si trova nella luna; in altri, il beato può simultaneamente abitare tre o più corpi. Questo miracolo, il cui nome nella teologia cattolica è bilocazione o trilocazione, ricorda Pitagora, di cui si disse esser stato visto nello stesso tempo in due città. La *Indische Literatur* di Winternitz raccoglie questa curiosa leggenda: «Lasciando la città di Sravasti, il Buddha dovette attraversare una vasta pianu-

[3] Se il rosso assassino pensa di uccidere/o se il morto si crede assassinato/essi ignorano le vie sottili/che son mie e che percorro e ripercorro.

[4] Coloro che mi negano sbagliano; se fuggono da me, io sono le ali; sono chi dubita e il dubbio, e l'inno che canta il bramino.

ra. Dai loro diversi cieli, gli dèi gli gettarono parasoli perché si proteggesse dal calore. Per non offendere nessuno di essi, il Buddha si moltiplicò cortesemente e ciascuno degli dèi vide un Buddha che camminava al riparo del suo parasole».

L'uomo non si salva per mezzo di buone opere, giacché queste producono reincarnazioni in cui si ricevono le ricompense, il che è una continuazione del Samsara e non una liberazione dalla ruota dell'esistenza. Il capitolo 5. La trasmigrazione chiarirà tali concetti.

4. Cosmologia buddista

Il buddismo, come l'induismo da cui nasce, presuppone un numero infinito di mondi, tutti di struttura identica. Affermare che l'universo è limitato è un'eresia; lo è anche affermare che è illimitato, ma è del pari un'eresia affermare che non è l'una cosa né l'altra. Questo triplice anatema obbedisce forse al desiderio di scoraggiare le speculazioni inutili, che ci distolgono dall'urgente problema della nostra salvezza.

Nell'ombelico o centro di ciascun mondo si leva una montagna il cui nome è Meru o Sumeru. La sua forma è quella di una piramide tronca dalla base quadrangolare; la faccia rivolta a oriente è d'argento, quella rivolta a sud di diaspro, quella a occidente di rubino, quella a nord d'oro. Sulla cima si trovano le città degli dèi e i paradisi dei beati; alla base, gli inferni. Intorno al Meru, che ha un'altezza di 84.000 leghe, girano il sole, la luna e le costellazioni. Sette mari concentrici, divisi da sette catene circolari di montagne d'oro, circondano il monte Meru; un cartone per il tiro al bersaglio sarebbe una specie di mappamondo buddista.

La profondità dei mari e l'altezza delle montagne vanno scemando man mano che si allontanano dal centro. Oltre l'ultimo cerchio di monti comincia l'oceano noto all'umanità. Nelle sue acque si trovano quattro continenti e innumerevoli isole[1]. Il continente volto a oriente ha forma di mezza luna; tale forma appare anche nei volti degli abitanti, che sono tranquilli e virtuosi. A tale continente è assegnato il colore bianco. Quello meridionale, che è il nostro, ha forma di pera, e la stessa forma hanno le facce dei suoi abitanti. In esso esistono il bene e il male, la ricchezza e l'abbondanza; il suo colore è l'azzurro. Il continente occidentale è rotondo e rosso; i suoi abitanti, di forza straordinaria, si ci-

[1] Seguiamo la cosmografia esposta da W. Y. Evans-Wentz nella prefazione del *Tibetan Book of the Dead* (Londra, 1957). Altri orientalisti collocano i quattro continenti alle quattro falde del Meru, dove comincia il primo oceano.

bano di carne di vacca e hanno facce circolari. Il continente settentrionale è il più grande di tutti. Il suo colore è il verde e ha forma quadrangolare, come le facce degli abitanti, che sono erbivori. Le anime, dopo la morte, abitano gli alberi.

Ciascun continente ha due satelliti; in quello che si trova a sinistra del nostro vivono i *rakshasas*, demoni nemici dell'umanità, che vagano nei cimiteri, disturbano i sacrifici, molestano le persone pie, rianimano i cadaveri e divorano gli esseri umani. Possono essere orribili o belli; alcuni di essi hanno un solo occhio, altri una sola orecchia; alcuni camminano su due gambe, altri su tre, altri su quattro. Nella poesia epica i loro epiteti sono: omicidi, nocivi, ladri di offerte, forti nella penombra, nottambuli, cannibali, carnivori, bevitori di sangue, mordaci, ghiottoni, facce nere. Si dice che nell'ottavo secolo della nostra era Padma-Sambhava, maestro del lamaismo, abbia predicato loro la dottrina del Buddha.

Gli abitanti del primo continente vivono duecentocinquant'anni; quelli del secondo cento; del terzo, cinquecento, e del quarto duemila. Nell'Antico Testamento si legge che la durata della vita umana è di settant'anni; Schopenhauer, per giustificare il calcolo indiano, argomenta che solo a cento anni l'uomo muore naturalmente, senza agonia, e che morire per una malattia è un fatto accidentale come lo è morire in guerra o in un incendio.

La descrizione del mondo che abbiamo riassunta corrisponde a un piano orizzontale; verticalmente, si possono distinguere tre regioni sovrapposte. La prima e inferiore è la sensoriale; l'abitano dèi, uomini, demoni, fantasmi, animali ed esseri infernali. Nella zona più bassa di tale regione si trovano gli inferni, o meglio i purgatori, giacché i periodi di castigo non sono infiniti. Essi ospitano otto gironi di fuoco e otto di gelo. Al di sopra degli inferni si trova la zona in cui viviamo. La seconda regione, intermedia, è quella delle forme; la terza e superiore è quella in cui le forme non esistono. Gli dèi sono i soli abitanti di queste due ultime regioni.

Gli dèi vivono molti secoli, ma non sono immortali. Alcuni abitano la cima del monte Meru; altri, palazzi sospesi nell'aria. Man mano che la gerarchia si fa più alta, i piaceri sono meno fisici; l'unione degli dèi inferiori è simile a quella degli uomini; nelle categorie più alte, si realizza mediante il bacio, la carezza, il sorriso e la contemplazione. Non esiste concepimento né nascita; i figli, dai cinque ai dieci anni di età, appaiono improvvisamente sulle ginocchia della dea o del dio che li hanno generati (secondo la tradizione ebraica, Adamo aveva trentatré anni quando fu creato). Gli dèi della seconda regione ignorano i piaceri dei sensi: loro alimento è la gioia e i loro corpi son fatti di materia sottile. Odono e vedono, ma mancano di gusto, olfatto e tatto. Nella terza regione, gli dèi sono incorporei e vivono in una pura estasi contemplativa che può durare venti, quaranta, sessanta o ottantamila periodi cosmici.

Ogni mondo fluttua sull'acqua, l'acqua sul vento, il vento sull'etere. I mondi, la cui cifra è incalcolabile, formano gruppi di tre tra i quali si estendono spazi deserti, vasti e tenebrosi che servono da luoghi di castigo.

È opportuno non dimenticare che questa pittoresca cosmografia non è essenziale nella dottrina predicata dal Buddha. Non si tratta di un dogma; quello che importa è la disciplina monastica che conduce l'uomo alla liberazione.

5. La trasmigrazione

Il buddismo, che ora è una religione, una teologia, una mitologia, una tradizione pittorica e letteraria, una metafisica o meglio un insieme di sistemi metafisici che si escludono l'un l'altro, fu agli inizi una disciplina volta alla salvezza, una specie di *yoga* (parola affine a quella latina *iugum*, giogo). Lo stesso Buddha si sottrasse sempre alle disquisizioni astratte che gli parvero inutili e formulò la famosa parabola dell'uomo ferito da una freccia che non se la lascia estrarre prima di sapere quali siano la casta, il nome, i genitori e il paese del feritore. Comportarsi in tal modo, disse il Buddha, è correre il rischio di morire; io insegno ad estrarre la freccia. Con questa parabola rispose a chi gli domandava se l'universo sia infinito o finito, se sia eterno o sia stato creato.

Un'altra parabola narra di un gruppo di ciechi dalla nascita che desideravano sapere com'è un elefante. Uno gli toccò la testa e disse che era come una giara, un altro la proboscide e disse che era come un serpente, un altro le zanne e disse che era come il vomero dell'aratro, un altro il dorso e disse che era come un granaio, un altro la zampa e disse che era come una colonna. Analogo è l'errore di chi vuol sapere com'è l'universo.

Così come la dottrina di Gesù presuppone l'Antico Testamento, quella del Buddha presuppone l'induismo, del quale era già parte essenziale la credenza nella trasmigrazione. Tale credenza, che sulle prime può sembrare una fantasia, è stata professata da popoli molto diversi in epoche differenti.

Presso i greci, questa dottrina è legata a Pitagora. Questi, secondo Diogene Laerzio, disse di aver ricevuto da Ermete il dono di ricordare le vite passate; dopo esser stato Euforbo era stato Ermotimo, e riconobbe in un tempio lo scudo che quegli aveva usato nella guerra di Troia. Anche gli orfici insegnarono che il corpo è sepoltura e carcere dell'anima. Un frammento di Empedocle d'Agrigento dice: «Sono stato ragazzo, fanciulla, arbusto, uccello e muto pesce che sorge dal mare»; parlò anche della sua angoscia e del suo pianto quando vide la terra e seppe che sarebbe nato in quel luogo. Platone, nel decimo libro della *Repubblica*, narra la visione di un soldato ferito che percorre i cieli e il Tartaro; là vede l'anima di Orfeo, che sceglie di rinascere cigno; quella di Agamennone, che preferisce l'aquila, e quella di Ulisse, che un tempo s'era chiamato Nessuno e ora vuol essere un uomo modesto e oscuro. Secondo Platone, il ciclo della reincarnazione dura mille anni, moderata riduzione greca dei *kalpas* o giorni di Brahma, che durano dodici milioni di anni. Plotino, filosofo e mistico, dice: «Le successive reincarnazioni sono come un sogno che tien dietro all'altro, o come dormire in letti diversi».

Cesare attribuisce la credenza nella trasmigrazione ai druidi della Bretagna e della Gallia. Un poema gallese del sesto secolo comprende questa enumerazione eterogenea, che mette in risalto le possibilità letterarie di tale dottrina:

> Sono stato la lama di una spada,
> sono stato una goccia nel fiume,
> sono stato una stella rilucente,
> sono stato una parola in un libro,
> sono stato un libro all'inizio di tutto,
> sono stato la luce in una lanterna,
> sono stato un ponte gettato su sessanta fiumi,
> ho volato come un'aquila,
> sono stato una barca nel mare,
> sono stato un capitano in battaglia,
> sono stato una spada stretta in pugno,
> sono stato uno scudo in guerra,
> sono stato la corda di un'arpa,
> per un anno ho vissuto incantato nella spuma dell'acqua.

I cabalisti ebrei distinguono due specie di trasmigrazione: *Gilgul* (rivoluzione) e *Ibbur* (fecondazione). Circa la prima, si legge in un libro di Isaac Luria: «L'anima di chi ha sparso sangue trasmigra nell'acqua ed è trascinata da un punto all'altro, infinitamente; il dolore è più forte nelle cascate». Secondo l'altra, l'anima di un antenato o di un maestro s'infonde in quella di uno sventurato, per confortarlo e istruirlo.

Gli indiani non hanno tentato dimostrazioni della dottrina della reincarnazione, che per essi è evidente e assiomatica. Il *Libro della legge di Manu* contiene queste parole: «L'assassino di un bramino s'incarna nel corpo di un cane, di un porcospino, di un asino o cammello, toro, capra, montone, bestia selvatica, uccello, chandala, e pullkaza»[1], secondo le circostanze del delitto. «Chi ruba vestiti di seta rinasce pernice; se tele di lino, rana; se tessuti di cotone, airone; se una vacca, coccodrillo. Se ruba profumi fini rinasce ratto muschiato; se origano, tacchino; se grano cotto, riccio, e se grano crudo, porcospino. Se ha rubato fuoco rinasce gru; se un utensile domestico, fuco; se vestiti rossi, pernice rossa.»

Un'idea tanto singolare quale questa delle trasmigrazioni dell'anima in corpi umani, animali e anche vegetali, ha suscitato, com'è naturale, le più diverse reazioni. Citiamo, a titolo di curiosità, l'ipotesi dietetica di Voltaire. Secondo lui, i bramini opinarono che un regime a base di carne fosse rischioso in India e, affinché la gente si astenesse dalla carne, inventarono che le anime umane son solite prender dimora in corpi di animali. La proibizione ebraica di mangiare carne di maiale si basò analogamente sul timore della trichinosi. Un'altra congettura è che il rendimento della vacca è maggiore come produttrice di latte che come animale da macello.

David Hume afferma che la dottrina della reincarnazione è l'unica che la filosofia possa accettare e che tutti gli argomenti che provano l'immortalità dell'anima provano anche la sua preesistenza. Per Schopenhauer, c'è al mondo una sola essenza, la Volontà, che assume tutte le forme dell'universo; la trasmigrazione è un mito che presenta in modo successivo tale realtà eterna e onnipresente.

Nell'Indostan, la dottrina della trasmigrazione implica una cosmologia di infiniti annientamenti e creazioni che si verificano periodicamente. Mettendo al primo posto gli annientamenti, seguiamo l'esempio dei testi originali; tale ordine sconcertò gli studiosi europei, i quali non compresero subito che quel che si voleva era eludere ogni idea di un inizio assoluto dell'universo, come ad esempio quello che viene enunciato nel primo versetto della Genesi. Ogni ciclo dura un *kalpa*; certe spiegazioni classiche possono aiutarci a concepire codesti periodi quasi infiniti. S'immagini una montagna di pietra che abbia sedici miglia di altezza; ogni cento anni la sfiora una sottilissima tela di Benares.

[1] Nomi di caste infime.

Quando quel lieve tocco abbia consumato la montagna, un *kalpa* non sarà ancora passato. Si osservi a questo proposito che l'astronomia moderna si serve di cifre non meno vertiginose.

La mente indiana si compiace d'immaginare vasti periodi di tempo che, fino a non molto tempo fa, erano totalmente estranei alle abitudini delle menti occidentali. Nel secondo secolo dell'era cristiana il famoso teologo Ireneo, vescovo di Lyon, calcolò la durata della storia universale in seimila anni, corrispondenti ai sei giorni della Genesi. Invece gli indiani sono stati affascinati dalla contemplazione e dall'idea di stabilire immensi periodi di tempo. Giorni, notti e anni compongono la vita di Brahma, ma ogni giorno è un *kalpa* che equivale a 4.320.000.000 di anni umani. Ogni *kalpa* comprende mille grandi periodi cosmici, ciascuno dei quali si divide in quattro *yugas*, chiamate *Krita-yuga* o Età dell'Oro, *Trêta- yuga* o Età dell'Argento, *Dvâpara-yuga* o Età del Bronzo e *Kali-yuga* o Età del Ferro. La prima dura 4000 anni divini, cioè 1.440.000 anni umani (giacché un anno divino comprende 360 anni umani); la seconda, 3000 anni divini, cioè 1.080.000 anni umani; la terza 2000 anni divini, cioè 720.000 anni degli uomini e la quarta 1000 anni divini, che corrispondono a 360.000 anni dei nostri. Questa complessa e virtualmente illimitata cronologia fu inventata tra l'epoca del Rig-Veda e quella del Mahabharata. Un passo di questa epopea fa pronunciare una lunga esposizione del sistema alla scimmia Hanuman, famoso guerriero, mago e grammatico.

Prima e dopo ogni *yuga* c'è un periodo chiamato crepuscolo, la cui durata è una decima parte della *yuga*. Così la *Krita-yuga* consta di 4000 anni divini; il crepuscolo che la precede è di 400 e quello che la segue anch'esso di 400 anni divini, che sommati ai 4000 della *yuga* danno un totale di 4800 anni divini, ossia 1.728.000 anni umani.

In ogni *yuga* diminuiscono la longevità, la statura e l'etica degli uomini; nella prima, ad esempio, tutti gli uomini erano bramini. L'epoca che attraversiamo è l'ultima. Brahma non è immortale; i suoi giorni e le sue notti hanno fine dopo 36.000 *kalpas*; muore e prende il suo posto un altro Brahma, il quale continua il giuoco di emanazioni e annientamenti, e così all'infinito.

La prima cosa che appare in ogni periodo è il palazzo di Brahma. Il dio percorre i suoi spazi vuoti e si sente solo. Pensa alle altre divinità; queste rinascono nel mondo di Brahma perché hanno esaurito il *karma* che permetteva loro di vivere in cieli più alti. Brahma suppone che gli dèi siano stati creati dal suo desiderio; gli dèi condividono tale errore, in quanto Brahma si trovava nel palazzo prima di loro. In seguito sorgono il monte Meru, la terra, gli uomini e gli inferni.

Per il buddismo si distinguono due specie di *kalpas*, quelli vuoti o vani e quelli buddistici. Durante i primi non nascono Buddha; nei secondi, un fiore di loto annuncia il luogo in cui crescerà l'Albero dell'Illuminazione.

Se ogni reincarnazione è la conseguenza di una reincarnazione anteriore, se le nostre gioie e disgrazie attuali dipendono da quanto facemmo nella vita passata, è evidente che non può esserci un primo termine della serie. Per il Buddha, ciascuno di noi ha già percorso un numero infinito di vite, ma può evitare di percorrere infinite vite future se raggiunge la liberazione o *nirvana*. È bene chiarire che *infinito* non è, per il buddismo, un sinonimo di *indefinito* o di *innumerevole*, ma significa, come in matematica, una serie senza principio né fine. Il nostro passato non è meno vasto e insondabile del nostro futuro.

Abbiamo detto che ogni incarnazione determina la successiva; questo determinarla costituisce ciò che le scuole filosofiche dell'India chiamano il *karma*. La parola è sanscrita e deriva dalla radice kri che significa «fare» o «creare». Il *karma* è l'opera che incessantemente ordiamo; tutti gli atti, tutte le parole, tutti i pensieri — forse tutti i sogni — producono, quando l'uomo muore, un altro corpo (di dio, di uomo, di animale, di angelo, di demonio, di reprobo) e un altro destino. Se l'uomo muore col desiderio della vita nel cuore, torna a incarnarsi; è come se, morendo, piantasse un seme.

Radhakrishnan ha definito il *karma* la legge della conservazione dell'energia morale. Possiamo anche considerarlo un'interpretazione etica della legge di causalità; in ogni ciclo dell'universo le cose sono opera degli atti umani, che creano montagne, fiumi, pianure, paludi, boschi. Se gli alberi danno frutto o il grano cresce nei campi, è il merito degli uomini a spingerli a farlo. Secondo tale dottrina, la geografia è una proiezione dell'etica.

Il *karma* agisce in modo impersonale. Non esiste una divinità in qualche modo giuridica che distribuisca castighi e ricompense; ogni atto ha in sé il germe di una ricompensa o di un castigo che possono non verificarsi immediatamente, ma sono fatali. Christmas Humphreys scrive: «Il peccatore non è punito per i suoi peccati, sono questi a punirlo. Di conseguenza non esiste il perdono e nessuno può concederlo». Per il mero fatto d'essere un sostantivo, la parola *Karma* suggerisce un'entità autonoma; è bene ricordare che si tratta solo di una proprietà degli atti, i quali — a seconda della loro natura — inevitabilmente producono conseguenze avverse o felici. *Karma* è la legge dell'universo, ma essa non è stata promulgata da un legislatore né l'applica un giudice. Il suo operare è inesorabile; nel *Dhammapada* si legge: «Né in cielo, né in mezzo al mare, né nei crepacci più profondi delle montagne c'è un luogo in cui l'uomo possa liberarsi di un'azione malvagia».

La credenza nel *karma* induce la gente a sopportare con rassegnazione le sventure. Paul Deussen narra che in Jaipur conversò con un mendicante cieco. Avendogli domandato come avesse perso la vista, si sentì rispondere: «In una vita anteriore avrò commesso qualche delitto». In altre parole, non c'è sofferenza o felicità che non siano meritate. Gli indiani considerano la carità un'ostentazione e un errore, poiché il disgraziato non fa che espiare colpe commesse in una vita precedente e volerlo aiutare significa ritardare il pagamento inesorabile del suo debito. Per questo motivo Gandhi condannò la fondazione di asili e ospedali. In India, la fede nella trasmigrazione è così profonda che a nessuno è venuto in mente di dimostrarla, contrariamente a quanto accade nel cristianesimo, che abbonda in prove inoppugnabili dell'esistenza di Dio. A parte l'esercizio dell'ascetismo, quasi tutte le buone azioni consistono nell'aiutare il prossimo; se tale aiuto è proibito, c'è da domandarsi quali buone azioni sia dato compiere.

Karma è il nome generico della legge; c'è poi quello che i teosofi chiamano il *corpo karmico*, cioè l'organismo o struttura psichica che i meriti e demeriti dell'uomo tessono durante la sua vita e che, dopo che sia morto, creano un altro corpo che rivivrà in altre circostanze.

Per il buddista, i concetti di trasmigrazione e di *karma* sono inseparabili, tanto che c'è chi li considera le due facce di una stessa moneta. Per l'occidentale, il concetto di trasmigrazione è chiaro o almeno a prima vista lo sembra, mentre quello di *karma* gli appare arbitrario e difficile da assimilare. La teoria platonica e pitagorica della trasmigrazione presuppone un'anima che trasmigri, una pura essenza immortale che dimora in un corpo e successivamente in un altro; invece il buddismo nega l'esistenza di un Io e ricorre al *karma* per assicurare una continuità delle diverse vite. Il concetto di una struttura molto complessa che ogni individuo va costruendo nel corso della sua vita si adatta meno alla trasmigrazione del concetto di un'anima individuale che passa da una forma corporea a un'altra. Questa inconcepibile struttura che è il *karma* è forse uno dei punti deboli del buddismo.

Nel *Visuddhimagga* (Cammino della Purezza) è scritto: «In nessun luogo sono qualcosa per qualcuno o qualcuno è qualcosa per me». Analogamente, un contemporaneo del Buddha, Eraclito d'Efeso, disse: «Nessuno scende due volte nello stesso fiume», frase così commentata da Plutarco: «L'uomo di ieri è morto in quello di oggi, quello di oggi muore in quello di domani». Il Cammino della Purezza afferma: «L'uomo di un momento futuro vivrà, ma non è vissuto né vive. L'uomo del momento presente vive, ma non è vissuto né vivrà». Per il buddismo, ogni uomo è un'illusione, vertiginosamente prodotta da un succedersi di uomini momentanei e soli. L'apparenza di continuità che una successione d'immagini produce sullo schermo cinematografico può aiutarci a comprendere questa idea alquanto sconcertante. Nella filosofia moderna troviamo Hume, per il quale l'individuo è un fascio di percezioni che si succedono con incredibile rapidità, e Bertrand Russel, per cui esistono solo atti impersonali, senza soggetto né oggetto.

L'ipotesi dell'instabilità dell'individuo ha suggerito commenti burleschi. Si narra che un bramino esponesse la dottrina a un soldato di Alessandro il Macedone; quegli ascoltò attentamente, poi lo gettò a terra con un pugno. Alle proteste del bramino, il neofita gli disse: «Né fui io a colpirti, né sei tu il colpito». Della fugacità dell'uomo di Eraclito si fece beffe il pitagorico Epicarmo in una commedia. Un debitore moroso afferma di non essere più lui chi ha contratto il debito; il creditore accetta la tesi e lo invita a cena. Quando il debitore si presenta al banchetto, gli schiavi lo cacciano, in quanto il creditore non è più lo stesso che ha fatto l'invito.

Una famosa opera apologetica del secondo secolo, *Le domande del Re Milinda*, narra di una discussione i cui interlocutori sono il re della Bactriana Milinda (Menandro) e il monaco Nagasena. Questi afferma che, come il cocchio del re non è le ruote né l'abitacolo né l'asse né il timone né il giogo, così neppure l'uomo è la materia, la forma, le impressioni, le idee, gli istinti o la coscienza. Non è la combinazione di queste parti né esiste fuori di esse. I cinque elementi (*skandhas*) enumerati dal monaco corrispondono a una nozione comune della psicologia indiana; il penultimo è stato anche tradotto come subcoscienza o individualità. Nagasena domanda se la fiamma che arde al principio della notte sia la stessa della fine; gli rispondono di sì. Nagasena applica queste analogie della lampada e della fiamma all'uomo che, dalla nascita alla morte, non è lo stesso né un altro. Dopo vari giorni di dialogo, il re greco si converte alla fede del Buddha.

Nel buddismo si danno sei condizioni per l'uomo dopo la morte. Sono chiamate i Sei Cammini della Trasmigrazione e vengono così enumerate.

1. La condizione di dio (*deva*). Codesti esseri sono stati ereditati dalla mitologia indostanica e, stando ad alcuni autori, sono trentatré: undici per ciascuno dei tre mondi. Deva e Deus derivano dalla radice *div*, che significa «risplendere».

2. La condizione di uomo. Questa è la più difficile da raggiungere. Una parabola ci parla di una tartaruga che abita nel fondo del mare e ogni cento anni sporge la testa alla superficie e di un anello che vi galleggia; è tanto improbabile che la tartaruga infili la testa nell'anello quanto che un essere, dopo la morte, s'incarni in un corpo umano. La parabola ci esorta ad approfittare della nostra umanità, giacché solo gli uomini possono raggiungere il *nirvana*.

3. La condizione di *asura*. Gli *asuras* sono nemici dei *devas* e più o meno corrispondono ai giganti della mitologia scandinava e ai titani dei greci. Una tradizione li fa nascere dall'inguine di Brahma; si crede che abitino sotto terra e che abbiano i loro re. Affini agli *asuras* sono i *nagas*, serpenti dal volto umano che dimorano in palazzi sotterranei, dove custodiscono i libri esoterici del buddismo.

4. La condizione animale. La zoologia buddista li classifica secondo quattro specie: quelli che non hanno piedi, quelli che ne hanno due, quelli che ne hanno quattro e quelli che ne hanno

molti. Gli *jakatas*[2] riferiscono di vite anteriori del Buddha in corpi di animali.

5. La condizione di *preta*. Questi sono reprobi tormentati dalla fame e dalla sete; il loro ventre può essere grande come una montagna e la loro bocca come la cruna di un ago. Sono neri, gialli o azzurri, mangiati dalla lebbra e sudici. Alcuni divorano faville, altri tentano di divorare la propria carne. Son soliti animare i cadaveri e aggirarsi nei cimiteri.

6. La condizione di essere infernale. Soffrono questi in luoghi sotterranei, ma possono anche essere confinati su una roccia, un albero, una casa o in un orcio. Il Giudice delle Ombre sta al centro degli inferni e domanda ai peccatori se abbiano visto il primo messaggero degli dèi (un bambino), il secondo (un vecchio), il terzo (un ammalato), il quarto (un uomo torturato dalla giustizia), il quinto (un cadavere in decomposizione). Il peccatore li ha visti, ma non ha compreso che erano simboli e avvertimenti. Il Giudice lo condanna all'Inferno di Bronzo, che ha quattro angoli e quattro porte, è immenso e fatto di fuoco. Trascorsi molti secoli una delle porte si socchiude: il peccatore può varcarla ed entra nell'Inferno di Sterco. Trascorsi altri secoli può lasciarlo per entrare nell'Inferno di Cani. Passati altri secoli passerà all'Inferno di Spine, dal quale farà ritorno all'Inferno di Bronzo.

[2] Favole sulle reincarnazioni del Buddha.

6. Dottrine buddiste

La Ruota della Legge

Nel sermone di Benares, predicato nel Parco delle Gazzelle, il Buddha condanna la vita carnale, che è bassa, ignobile, materiale, indegna e insensata, e la vita ascetica, che è indegna, insensata e dolorosa. Predica una via di mezzo: il Sacro, Ottuplo Sentiero, al quale conducono le Quattro Nobili Verità.

Tali verità sono: la sofferenza, l'origine della sofferenza, l'annientamento della sofferenza e la via che porta all'annientamento della sofferenza, ossia l'Ottuplo Sentiero. Deussen osserva che il quarto membro della serie è stato aggiunto artificialmente agli altri, giacché la quarta Nobile Verità non è altro che l'Ottuplo Sentiero. Ritiene, Deussen, che nel Parco delle Gazzelle si sia parlato dell'Ottuplo Sentiero e che la dottrina della Verità sia un'aggiunta posteriore. Secondo Kern, le Quattro Verità applicano al problema cosmico un'antica formula medica e corrisponderebbero alla malattia, la diagnosi, la cura e i metodi della cura.

Che cos'è la sofferenza? Il Buddha risponde: «È nascere, invecchiare, ammalarsi, trovarsi con quanto si odia, non trovarsi con quanto si ama, desiderare e anelare senza ottenere».

Qual è l'origine della sofferenza? Il Buddha risponde: «È la Sete (*Trishna*) che porta di reincarnazione in reincarnazione accompagnata da piaceri sensuali e che vuole essere soddisfatta». La Sete del Buddha corrisponde alla Cosa in Sé di Schopenhauer, la Volontà; e così all'*élan vital* di Bergson, alla *life force* di Bernard Shaw. Il Buddha e Schopenhauer condannano la Volontà e la Sete; Bergson e Shaw affermano l'*impeto* e la *forza vitale*.

Che cos'è l'annientamento della sofferenza? Il Buddha risponde: «È l'annientamento della Sete che porta di reincarnazione in reincarnazione accompagnata da piaceri sensuali e che vuole essere soddisfatta». Il nome tecnico di tale annientamento è *nirvana*, concetto che sarà studiato più avanti.

Qual è la via che conduce all'annientamento della sofferenza? Il Buddha risponde: «È il Sacro Ottuplo Sentiero: retta conoscenza, retto pensiero, rette parole, rette opere, retta vita, retto sforzo, retta considerazione e retta meditazione». Queste norme formano una via mediana, equidistante dalla vita carnale e dalla vita ascetica, dagli eccessi del rigore e dagli eccessi della licenza.

La dottrina, osserva Köppen, non è dogmatica né speculativa, ma morale e pratica. Lo confermano le parole dello stesso Buddha: «Come l'oceano ha un solo sapore, il sapore del sale, questa dottrina ha un solo sapore, il sapore della salvezza» . Gli otto astratti termini del Sentiero sono stati interpretati in modo diverso dai commentatori. Il termine iniziale è stato tradotto come «fede, comprensione, opinioni, conoscenza»; il penultimo come «attenzione, concentrazione, stato di veglia, memoria» (questa, secondo Köppen, si riferisce all'esercizio quotidiano di ricordare gli atti esemplari del maestro). La giusta o retta concentrazione è l'estasi, la tappa più alta. A prima vista, tali divergenze sono allarmanti, ma non impediscono una visione generale del sistema. Non bisogna dimenticare d'altronde che una retta comprensione intellettuale della dottrina è assai meno importante del fatto di assimilarla e viverla.

Famoso è anche il Sermone del Fuoco, predicato a mille eremiti a Uruvela. «Tutto, oh discepoli, è in fiamme. La vista, oh discepoli, è in fiamme, il visibile è in fiamme; il sentimento che nasce dal contatto col visibile, sia esso dolore, sia gioia, o né dolore né gioia, è anch'esso in fiamme. Qual è il fuoco che lo infiamma? Il fuoco del desiderio, il fuoco dell'odio, il fuoco dell'ignoranza; la nascita, la vecchiaia, la morte, le pene, i lamenti, il dolore, il dispiacere, la disperazione: tali sono le mie parole.» Quel che è detto della vista si applica poi all'udito, all'olfatto, al gusto, al tatto e alla coscienza. La seconda parte del sermone ripete lo schema: «Ciò sapendo, oh discepoli, un saggio, un nobile ascoltatore della dottrina rifiuterà il visibile, rifiuterà la percezione del visibile; rifiuterà il contatto col visibile, sia esso dolore, sia gioia, o né dolore né gioia». Alla vista seguono fatalmente l'udito, l'olfatto, il gusto, il tatto e la coscienza. Il sermone finisce con queste parole: «Rifiutato tutto ciò, un saggio, un nobile ascoltatore della dottrina, sarà libero dai desideri; libero dai desideri, sarà salvato; salvato, nascerà in lui questa convinzione: Sono libero; ogni nuova nascita è annientata, raggiunta la santità, il dovere compiuto; non tornerò su questa terra. Tale è la conoscenza che egli possiede».

Anche Eraclito d'Efeso ricorre al simbolo del fuoco per dire che il mondo è effimero e doloroso.

Il problema del Nirvana

Affermare che il fascino esercitato dal buddismo sulle menti e le immaginazioni occidentali derivi dalla parola *nirvana* è un'evidente esagerazione che tuttavia racchiude una particella di verità. Sembra impossibile, in effetti, che una parola così sonora ed enigmatica non abbia in sé qualcosa di prezioso. I letterati europei e americani ne hanno fatto uso, ma raramente nell'accezione originaria; basti ricordare l'argentino Lugones, che se ne serve per indicare l'apatia e la confusione:

> Vago un timore lo insidia
> e finisce con lo scrivergli
> da quell'informe nirvana...

Meno eufonica è la forma *nibbana* e quella cinese, *ni-pan*. *Nirvana* è parola sanscrita che, etimologicamente, vale «spegnimento», «estinzione»; potrebbe anche essere tradotta con «l'estinguersi» e «lo spegnersi». La parola vi si presta, in quanto i testi classici del buddismo son soliti paragonare la coscienza alla fiamma di una lampada, che è e non è la stessa in diverse ore della notte.

Non fu il Buddha a coniare questa voce, che è usata anche dai giainisti. Nel *Mahabharata* si parla di Nirvana e con frequenza di *brahma-nirvanam*, estinzione in Brahma. L'espressione «spegnersi in Brahma, spegnersi nella divinità» suggerisce una goccia che si perde nell'oceano o una favilla che sparisce nel fuoco cosmico. Deussen osserva che, per gli indiani, l'anima individuale è tutto l'oceano e tutto il fuoco. In molti passi Nirvana è sinonimo di Brahma e di felicità; spegnersi in Brahma è intuire che si è Brahma.

Il buddismo invece, anticipando Hume, nega la coscienza e la materia, l'oggetto e il soggetto, l'anima e la divinità. Per le Upanishadas[1] il processo cosmico è il sogno di un dio; per il buddismo, esiste un sogno senza sognatore. Dietro il sogno e sotto il sogno non c'è nulla. Il Nirvana è l'unica salvezza.

I primi studiosi europei accentuarono il carattere negativo del Nirvana; il P. Dahlmann lo chiamò «abisso di ateismo e di nichilismo»; Burnouf lo tradusse *anéantissement*, annientamento; Schopenhauer, che tanto ha influenzato le interpretazioni occidentali della dottrina del Buddha, considera il Nirvana un eufemismo per la parola *nulla*: «Per colui in cui è morta la volontà, questo nostro universo così reale con le sue vie lattee e soli è, alla lettera, il nulla». Rhys Davids, con altri, ricorda che il Nirvana è uno stato che si può raggiungere in questa vita e consiste non nell'estinzione della coscienza, ma dei tre peccati capitali: la sensualità, la malvagità e l'ignoranza. Pischel parla dell'estinzione della Sete, *trishna*. Raggiunto il Nirvana prima della morte, le azioni del santo non proiettano più alcun *karma*; egli può prodigare bontà o commettere delitti senza che questi generino ricompensa né castigo, giacché si è liberato dalla Ruota e non rinascerà.

Il Buddha, sotto il fico sacro, raggiunse il Nirvana; quarant'anni dopo, quando morì per sempre il suo corpo fisico, il *parinirvana* o nirvana pieno. In realtà l'universo dovrebbe cessare per il redento dall'istante in cui egli comprende la sua natura illusoria. Dopo la tremenda rivelazione dovrebbe morire, come muore chi ha visto Dio faccia a faccia (Geova, sul Sinai, disse a Mosè: «Non potrai vedere il mio volto, perché nessuno potrà vedermi e vivere»). Nei testi del Vedanta si legge che l'uomo continua a vivere dopo la rivelazione come il tornio del vasaio continua a girare dopo che il vaso è finito. Egli vive per impulso degli atti che ha compiuti prima della rivelazione; quelli compiuti dopo non avranno conseguenze. Il *jivan-mukti* (il salvato in vita) continua a vivere come chi sogna sapendo di sognare e lascia che il sogno fluisca. Sankara propone questo chiarimento: «Come l'uomo dagli occhi infermi non vede una luna ma due, ma sa che ce n'è una sola, così l'uomo salvato continua a percepire il mondo sensoriale ma sa che è falso».

[1] Trattati filosofici e teologici basati sui Veda e che li interpretano e commentano.

Dahlmann cita un passo epico: «Successo e insuccesso, vita e morte, piacere fisico e dolore fisico; non sono amico né nemico di tali finzioni». Nei *tantras*, testi che illustrano una degenerazione del buddismo verificatasi nel nono secolo, troviamo riduzioni all'assurdo di quel passo: «Per lui un filo di paglia è come un gioiello... una vivanda come il fango; un inno di lode come un'ingiuria, il giorno come la notte, il visto come il sognato, la madre come una donna perduta, il piacere come il dolore, il cielo come l'inferno, il male come il bene».

I neofiti si preparano al Nirvana mediante quotidiani esercizi d'irrealtà. Camminando per via, conversando, mangiando, bevendo, debbono riflettere che tali atti sono passeggeri e illusori e che non presuppongono un attore, un soggetto permanente.

Per i mistici ebrei, cristiani e islamici le immagini in cui si esprime l'estasi sono generalmente di natura paterna o nuziale; per il buddismo, il Nirvana è «porto di rifugio, isola fra torrenti, fresca grotta, l'altra riva, città sacra, panacea, ambrosia, acqua che placa la sete delle passioni, riva ove trovano salvezza i naufraghi del fiume dei cicli». Nelle *Domande del Re Milinda* si legge che il Nirvana è intemporale e che i sensi non possono percepirlo. Sebbene lo si raggiunga mediante una serie di cause, il Nirvana le precede ed esiste al di fuori di esse; la sua misura e la sua durata, infine, sono ineffabili. Hermann Oldenberg osserva che i buddisti lo concepiscono metafisicamente come un luogo dove i redenti riposano; si dice «entrare nel Nirvana». Nelle *Domande del Re Milinda* è scritto che, come i fiumi entrano nel mare e questo non s'empie, gli esseri entrano nel Nirvana senza colmarlo mai. Possiamo ricordare l'analoga frase dell'*Ecclesiaste*: «Tutti i fiumi vanno al mare e il mare non cresce», secondo la versione di Cipriano di Valera.

Forse l'enigma del Nirvana è identico all'enigma del sonno; nelle Upanishadas si legge che gli uomini immersi nel sonno profondo sono l'universo. Secondo il Sankhyam, la condizione dell'anima nel sonno profondo è la stessa che raggiungerà dopo la liberazione. L'anima liberata è come uno specchio sul quale non si posa alcun riflesso.

Lo studioso austriaco Erich Frauwallner in *Geschichte der indischen Philosophie* (Salisburgo, 1953) ha rinnovato la nostra idea del Nirvana mediante lo studio del significato di questa parola all'epoca del Buddha. Sappiamo già che Nirvana significa «estinzione». Per noi l'estinguersi di una fiamma equivale al suo annientamento; per gli indiani la fiamma esiste prima che la si accenda e dura dopo che sia spenta. Accendere un fuoco è renderlo visibile; spegnerlo è farlo sparire, non distruggerlo. Lo stesso, secondo il Buddha, avviene della coscienza: quando abita il corpo l'avvertiamo; quando il corpo muore essa sparisce, ma non cessa di esistere. Parlando del Nirvana, il Buddha usa parole positive; parla di una sfera del Nirvana e di una città del Nirvana.

L'apprendistato del Nirvana è l'essenziale della dottrina predicata dal Buddha. Questi aveva raggiunto la conoscenza di tutti i misteri dell'universo, ma quel che si propose d'insegnare fu il mezzo di liberarsi del *Samsara* o mondo delle apparenze. I testi parlano della dottrina del pugno chiuso, che trattiene la sapienza universale, e della mano aperta, che diffonde le verità che ci occorrono. Una tradizione riferisce che il Buddha mostrò una foglia ai suoi discepoli e disse loro che la relazione tra quella foglia e le migliaia che popolavano gli alberi della foresta era la stessa che correva tra ciò ch'egli aveva insegnato e le sue infinite conoscenze. Bastava al discepolo conoscere il cammino della liberazione; di lì la parabola della freccia, di cui s'è detto nel capitolo precedente.

7. Il Gran Veicolo

Il desiderio d'essere fedeli, almeno nominalmente, a un maestro; il vantaggio che viene alle idee nuove dall'adottare antichi nomi venerati; l'oscura convinzione che nei sistemi la linea generale è quello che importa, hanno determinato l'attribuzione di dottrine segrete a pensatori famosi. Di Aristotele si disse che al mattino confidava i suoi pensieri intimi a pochi alunni e la sera ne diffondeva in un gruppo più ampio una versione popolare. La prima dottrina era quella esoterica; l'altra, l'essoterica. La stessa tradizione è riservata a Pitagora, a Platone e al Buddha.

Poco prima di morire, il Buddha riassume a uno dei suoi discepoli la dottrina conosciuta; ma oltre a quanto insegnò sulla terra, gli venne attribuita una dottrina esoterica da lui predicata in cielo e conservata negli archivi sotterranei dei nagas, i quali la rivelarono a Nagarjuna nel secondo secolo dell'era cristiana (150 dopo Cristo). Da codesta dottrina nichilista nasce il Mahayana.

Il Buddha, come Cristo, non ebbe il proposito di fondare una religione. Il suo fine fu la salvazione personale di un gruppo di monaci che credevano nella reincarnazione e volevano sfuggire ad essa. Il poeta francese Leconte de Lisle formulò, forse senza saperlo, tale desiderio di annientamento:

> *Délivre-nous du Temps, du Nombre et de l'Espace,*
> *et rends-nous le repos que la vie a troublé*[1].

Ma il voler non essere ha, per la maggioranza degli uomini, più della minaccia che della promessa. Ogni religione deve adattarsi alle necessità dei suoi fedeli e il buddismo per sopravvivere si rassegnò nel tempo a profonde e complesse modificazioni. Mahayana vuol dire «Grande Veicolo»; la dottrina primitiva ri-

[1] Liberaci dal Tempo, dallo Spazio e dal Numero, e rendici il riposo che la vita ha rubato.

cevette il nome di Piccolo Veicolo o Hinayana. Tali metafore hanno a che fare con un ipotetico incendio, dal quale una persona si salva da sola, su un carretto tirato da una capra, mentre un'altra mette in salvo una folla su un carro tirato da buoi. La domanda che viene posta è: quale dei due compie un'azione più meritoria? Evidentemente, il secondo. Il Mahayana fa balenare a ciascuno dei suoi adepti la possibilità, indubbiamente remota, di divenire un Buddha dopo innumerevoli trasmigrazioni e di salvare molti; questo lungo processo offre ai devoti la prospettiva di una serie di vite, attraverso le quali avvicinarsi, senza fretta, al *nirvana*. Per mezzo di questo artificio la meta dell'annientamento si concilia con la volontà di vivere. Il Mahayana non esige dalla maggioranza dei fedeli un cambiamento immediato delle abitudini quotidiane.

Secondo certi autori, lo scisma si sarebbe verificato prima che regnasse il famoso imperatore Asoka (264-228 a.C.), il quale si convertì alla fede del Buddha ma non ricorse mai alle armi per imporla. Le guerre di religione sono una prerogativa del giudaismo e delle sue diramazioni, cristianesimo e islamismo, che hanno ereditato quel metodo di conversione. In oriente, è possibile professare allo stesso tempo diverse religioni, che non si danno a vicenda fastidio e le cui cerimonie convivono.

Una delle maggiori difficoltà per l'esposizione del Mahayana è che il suo meccanismo logico è esageratamente complesso e abbonda di negazioni, affermazioni, divisioni e sottodivisioni, e che il risultato cui giunge è la negazione della logica, in quanto la sua natura è mistica. Esso usa e abusa della logica per demolirla.

Piccolo e Grande Veicolo hanno in comune la credenza nelle tre caratteristiche dell'essere (non durevolezza o fugacità, sofferenza e irrealtà dell'Io) e le quattro nobili verità, la trasmigrazione, il karma e la via di mezzo. Il Mahayana si distingue per il suo idealismo assoluto. L'universo ci presenta continuamente forme, colori, odori, suoni, sensazioni termiche e spaziali, ma dietro tali apparenze non c'è nulla. L'universo è illusorio, vivere è sognare. Molto più tardi Shakespeare dirà:

We are such stuff as dreams are made on[2].

Berkeley e Schopenhauer esposero in seguito codesta filoso-

[2] Siamo fatti della materia dei sogni (*La Tempesta*, IV).

fia di natura onirica. Il Samsara, o processo delle infinite trasmigrazioni, è già il Nirvana; tutti raggiungeremo il Nirvana acquistando coscienza di tale stato e ogni filo d'erba raggiungerà la condizione del Buddha. Dobbiamo intanto percorrere le sei possibilità dell'essere, con la certezza di ascendere alla dignità dei Devas e dimorare nei paradisi.

La meta del buddismo primitivo, riservato a pochi monaci, fu l'annientamento, la ferma volontà di non reincarnarsi, morendo, in un altro corpo; quella del Mahayana è ritardare tale processo in un mondo sognato, allucinatorio, ma non sempre sgradevole. L'ideale del Buddha è stato sostituito da quello del Bodhisattva, un uomo che si propone di divenire Buddha dopo innumerevoli incarnazioni.

Il Buddha aveva esortato i suoi discepoli a sforzarsi di foggiare la propria salvazione, mentre il Mahayana si basa sul potere della grazia. Il merito si acquista non solo mediante l'Ottuplo Sentiero, ma con la ripetizione del nome del Buddha, le offerte, la preghiera, la saldezza nella fede, la meditazione sui regni che saranno nostri lungo il cammino.

Come gli gnostici alessandrini che negarono l'umanità corporea di Cristo per non attribuirgli le miserie della fisiologia e affermarono che un fantasma era stato crocifisso al suo posto, i teologi del Mahayana pensano che il Buddha storico fu una proiezione del Buddha celeste (Dhyam Buddha) e che fu il suo fantasma a scendere sulla terra e a predicare la legge. Il Dhyam Buddha sarebbe così una specie di archetipo platonico. Il nome del Dhyam Buddha di Gotama è Amitabha, che significa «Luce illimitata». Ogni Dhyam Buddha ha il suo Bodhisattva e il suo Buddha terreno.

In un primo tempo, i maestri dell'Hinayana e del Mahayana dimoravano e insegnavano negli stessi monasteri. Lunghe discussioni teologiche avrebbero condotto a reciproche influenze, che non possiamo ormai distinguere; ci furono scuole di transizione.

Il più famoso dei maestri del Mahayana, Nagarjuna il nichilista, riunì i suoi proseliti a Nalanda, al sud dell'India; in seguito, come vedremo, la dottrina si sarebbe propagata in altri paesi dell'Asia.

Il Mahayana insegna la totale irrealtà dell'universo; lo Hinayana crede che gli elementi o *skandhas* che formano le transitorie apparenze siano reali. Per il Mahayana il monaco e il Nirvana cui egli aspira sono egualmente illusori. Gli oppositori argomentarono che, se tutto è nulla, non esistono le Quattro Verità né l'Ottuplo Sentiero, né karma né trasmigrazione né ordine monastico né Buddha; Nagarjuna rispose che ci sono due verità: una convenzionale, che si serve dei quotidiani fenomeni della «vita reale»; l'altra assoluta, senza la quale non si può raggiungere il Nirvana. Paragona l'universo ai miraggi, agli echi e ai sogni. Dobbiamo spogliarci dell'odio e dell'amore[3], del ragionare, dell'attaccamento alle cose, e vedere quanto accade come lo vede il firmamento, che anch'esso è vuoto. Nagarjuna ridusse la Via di Mezzo alle seguenti negazioni: non c'è annientamento, non c'è generazione, non c'è distruzione, non c'è durata, non c'è unità, non c'è pluralità, non c'è entrata, non c'è uscita.

Entrambe le scuole negano la causalità: un fatto succede semplicemente all'altro senza che quello che precede influisca su di esso. L'individuo come tale non esiste. Non c'è anima, c'è il karma che passa di trasmigrazione in trasmigrazione.

Era quasi inevitabile che il buddismo arrivasse al nichilismo di Nagarjuna.

Si può citare la frase di Hume: «Quando ragiono sono un filosofo; nella vita quotidiana debbo accettare che vi siano un Io, un mondo interiore e un mondo esteriore».

Lo Hinayana afferma che nel Nirvana spariranno vista, tatto, olfatto, gusto e udito e paragona l'eletto a una lampada spenta. Nagarjuna dichiara che ciò che non esiste non può sparire né continuare ad essere. Il Nirvana equivale all'idea che nulla esiste; il Samsara è già il Nirvana e s'identifica col principio assoluto che si trova dietro le apparenze. L'uomo che sa di non essere ha raggiunto il Nirvana; il vasto universo astronomico non è meno irreale di quell'uomo. Chi si confonde con gli altri e con tutto l'altro ha ormai raggiunto la meta.

È negata la possibilità d'ogni processo. Nel secondo capitolo del suo trattato, Nagarjuna scrive:

[3] Si ricordi la strofa di Fray Luis:

> Vivere voglio solo,
> godere il bene che mi accorda il cielo,
> senz'altri testimoni,
> scevro d'amore e affanni,
> di odio, di speranze, di timore.

> Nel percorso non c'è più il percorrere,
> in ciò ch'è da percorrere non c'è ancora il percorrere,
> senza il già percorso e senza ciò ch'è da percorrere, non c'è il percorrere.

Radhakrishnan così traduce:

> Non stiamo percorrendo il tratto che abbiamo percorso.
> Non stiamo percorrendo il tratto che dobbiamo percorrere.
> Un tratto non percorso né da percorrere è incomprensibile.

Analogamente, Zenone di Elea, discepolo di Parmenide, negò che una freccia possa raggiungere la meta, giacché resta immobile in ciascuno degli istanti del suo percorso e un seguito di immobilità, anche se infinito, non sarà mai movimento. Quattro secoli prima di Cristo, Diodoro Cronos negò che un muro possa essere abbattuto, perché quando i mattoni sono uniti il muro è in piedi e quando non lo sono più il muro non esiste. Tali argomenti non sono laboriose ovvietà: Diodoro Cronos, Zenone e Nagarjuna volevano dimostrare che la realtà è inconcepibile e perciò illusoria.

Nagarjuna sembra sia stato posseduto dalla necessità di negare. Tutti i suoi predecessori avevano affermato l'onniscienza del Buddha; egli invece scrive: «Se ci fossero tanti Gange quanti granelli d'arena ci sono nel Gange e poi tanti Gange quanti granelli d'arena nei nuovi Gange, il numero dei granelli d'arena sarebbe inferiore al numero delle cose che il Buddha ignora». In uno dei trattati che s'intitolano *Apice della Sapienza* si legge che tutto per il sapiente è mera vacuità, mero nome; mera vacuità e mero nome è anche *l'Apice della Sapienza*.

Lo Hinayana propone come ideale l'Arhat, il santo, l'uomo le cui azioni, parole e pensieri non proiettano karma, l'uomo che non tornerà ad incarnarsi e che, morendo, entrerà nel Nirvana. Egli ha poteri magici: ode e comprende tutti i suoni dell'universo, vede tutto, ricorda le sue infinite vite anteriori. Invece il Grande Veicolo propone il Bodhisattva, l'uomo, angelo o animale destinato ad essere Buddha dopo incontabili secoli, dopo migliaia di nascite, vite e morti. Egli deve esercitare, in ogni epoca, la compassione; una leggenda afferma che, in una delle sue vite anteriori, il futuro Buddha dette il suo corpo a una tigre per saziarla.

C'è una via intermedia, quella del Pratyeka Buddha, il santo solitario che, senza aiuto di maestri, giunge ad essere Buddha, ma che non può comunicare la sua illuminazione. I testi lo paragonano a un muto che ha fatto un sogno straordinario e al rinoceronte che va solitario nelle foreste.

Accettata la dottrina dei molti Buddha, si passò a inventariarli e a dar loro nomi. Si giunse anche ad ammettere la coesistenza di infiniti Buddha negli infiniti mondi dell'universo. Quelli del nostro pianeta nascono invariabilmente in India, nella casta dei bramini o dei guerrieri, e raggiungono, ai piedi di un albero sacro, la redenzione. Secondo il mondo cui appartengono, sono di statura diversa e raggiungono diverse età. Alcuni sono longevi e giganteschi, tutti hanno trentadue segni sul corpo e centootto su ciascun piede. Tutti predicano la medesima legge.

Uno dei desideri espressi dal Mahayana è la fraternità di tutti gli uomini. Il prossimo Buddha si chiamerà Maitreya e verrà al mondo nell'anno 4457 dell'era cristiana. Il suo nome significa «il Compassionevole», «il Colmo d'Amore». Ora si trova in cielo, ma sulla terra vi sono libri sacri rivelati da lui. Frequenti le sue immagini; al principio del settimo secolo il pellegrino cinese Hsuang Tsang vide in una valle dell'India una statua colossale fatta di legno e dorata; l'artefice era salito in cielo tre volte per studiare i lineamenti del Redentore.

Le leggende pittoriche sembrano tipiche di Maitreya; Hsuang Tsang narra che in un tempio c'era bisogno di una sua immagine e che trascorsi molti anni uno sconosciuto s'impegnò a dipingerla, a condizione che gli dessero una lampada e una palata di terra odorosa e chiudessero la porta. Passarono diversi giorni. I sacerdoti entrarono; l'uomo era sparito e nel santuario c'era l'immagine del Buddha. Uno dei sacerdoti aveva sognato che l'uomo era Maitreya.

8. Il lamaismo

Il lamaismo è una curiosa derivazione teocratica, gerarchica, politica, economica, sociale e demonologica del Mahayana. Il Buddha aveva predicato la sua legge al nord dell'India, sulle rive del Gange; il lamaismo ha il suo apogeo nel Tibet e nel secolo quattordicesimo della nostra era. La sua affinità con la chiesa cattolica è stata messa in luce da Rhys Davids e da quasi tutti coloro che l'hanno studiato.

I comunisti presero il potere in Cina nel 1949 e non tardarono a occupare il Tibet dove, nonostante il trattato col quale s'erano impegnati a rispettare la tradizione religiosa, abolirono tutte le istituzioni della vecchia cultura. Il Dalai-Lama fuggì in India e fu seguito da molti dei fedeli, che oggi rappresentano nel Darjeeling l'unica popolazione che conservi l'antica fede.

Nell'Hinayana non esistono sacerdoti, ma monaci; invece il lamaismo ostenta una vistosa gerarchia le cui due cime — il Dalai-Lama o Glorioso Re e il Pantchen-Lama o Glorioso Maestro — esercitarono, come i papi del Medioevo, il potere temporale e quello spirituale. Nazioni barbare come i tibetani e i mongoli erano incapaci di adattarsi alle Quattro Nobili Verità e alla rigida austerità dell'Ottuplo Sentiero; bisognò attirarli con le pompe della liturgia, i complessi riti, la manipolazione di rosari, l'incorporazione di divinità locali e delle antiche pratiche magiche che era difficile o impossibile sradicare. Bernard Shaw ha scritto che la conversione di un negro del Congo alla fede di Cristo è la conversione della fede di Cristo in un negro del Congo; non diversamente i tibetani mantennero la loro fede negli spiriti della natura e dei morti. D'altronde tale sincretismo fu facilitato dalla natura magica e politeista del Mahayana.

Fino a quando il buddismo fu sostituito dalla nuova religione comunista, buona parte della popolazione tibetana abbracciava la vita monastica. Di norma ogni famiglia inviava uno dei figli maschi al monastero più vicino; il neofita, di otto o nove anni, veniva istruito nei misteri ecclesiastici da un maestro finché veniva ammesso come novizio, grado che raramente lasciava per professare in qualità di monaco. La quarta gerarchia era quella di abate e aveva per sé dignità, rispetto e potere.

È credenza che il Dalai-Lama morendo si incarni in un bambino, generalmente della classe umile e che per maggiore comodità si trova nei pressi del monastero. Scoperto per mezzo di oracoli, è installato sul trono. La preferenza data alla classe umile non risponde a superstizione democratica, ma alla precauzione che le famiglie potenti non s'intromettano negli interessi dell'ordine. Si ritiene dunque che il Dalai-Lama, di generazione in generazione, sia sempre il medesimo individuo, che è la forma terrena di Avalokitésvara. L'invocazione magica *Om mani padme hum* — Oh la foglia di loto! —, rivolta al Dalai-Lama, indica la dissoluzione di chi muore, paragonato alla goccia di rugiada su una foglia di loto che si perde nel mare.

L'insieme delle divinità adorate nel Tibet comprende i Buddha e i loro discepoli illustri, i Bodhisattvas, il filosofo del nichilismo Nagarjuna e un'orda inestricabile di divinità minori: i principi demoniaci dal terribile aspetto, i quattro guardiani dei punti cardinali, Yama giudice dei morti e signore degli inferni, i cui emblemi sono il teschio e il fallo, e gli spiriti che impersonano le forze naturali.

Il diffondersi del buddismo nel Tibet rappresentò un progresso morale: lo strano concetto cioè che le buone azioni avrebbero avuto la loro ricompensa dopo la morte, e quelle cattive il loro castigo. Con logica migliore del buddismo ortodosso, il lamaismo non ammise la dottrina del karma e preferì quella di un'anima individuale che trasmigra di generazione in generazione. Il morto può rinascere in questo o in un altro mondo o in qualunque degli inferni o dei cieli.

I demoni sono sempre in agguato ed è prudente munirsi dei talismani e delle formule atte a metterli in fuga, mercanzia questa cui provvedono i monaci. Né sono trascurati gli ammalati; un monaco applica loro la terapia consistente nel recitare i Canoni Sacri. Certe formule, ripetute un numero indefinito di volte, fanno fuggire gli spiriti malvagi, guariscono gli infermi e sono chiavi per il paradiso; la più accreditata è la *Om mani padme hum*. La virtù della magia o mantra sta non tanto nel senso delle parole, che possono appartenere a lingue dimenticate, quanto nell'ordine magico delle lettere; il lettore ricorderà la cabala degli ebrei, che attribuiscono una forza creatrice a ciascuna lettera della scrittura. Vi sono lettere velenose, mortifere, rissose, ignee, prospere, grate, salutari, amichevoli, neutre, e la loro sapiente combinazione ne accresce l'effetto. Non c'è demonio che non sia soggetto a un determinato scongiuro del sacerdote.

La formula scritta o mantra non è meno efficace di quella orale. La si trova sulle bandiere che coronano i tetti delle abitazioni e dei templi, sui vestiti e sugli amuleti; l'infermo in cerca di guarigione la unisce alla sua dieta.

È molto praticato l'uso di cilindri pieni di mantras; ogni oscillazione o rotazione equivale a una preghiera o a un accumulo di meriti. È opportuno rafforzare i meriti con donazioni ai templi, al suono di musiche rituali e con accompagnamento di danze quando l'ammontare ne è meritevole. I ricchi offrono gioielli e metalli preziosi, i poveri grasso animale. I demoni più pericolosi non accettano doni se non dopo il tramonto.

Il potere dei lama era enorme. Abbracciava la dimensione temporale e quella spirituale, l'intera produzione del paese, la retta esecuzione della legge senza esclusione della pena di morte, il destino attuale del suddito e le sue vite future.

Diversamente da Swedenborg, il lamaismo, come il cristianesimo, accorda un'importanza decisiva all'ora dell'agonia. Giunta questa, o anche dopo la morte, un sacerdote legge al moribondo o al cadavere il libro che si chiama *Bardo-Thödol* o Liberazione attraverso l'Udito, che consta di una serie di istruzioni per chi deve percorrere i regni della morte. Una volta sepolto il cadavere, la cerimonia continua per quarantanove giorni dinanzi a un'effigie che rappresenta il morto e che poi viene bruciata.

Dopo la morte fisica, la prima tappa o primo *bardo* è di sonno profondo e dura quattro giorni; poi brilla una luce splendente che abbaglia l'anima; solo allora sa d'esser morto. Se ha già raggiunto la salvezza, questa tappa luminosa è l'ultima; il sacerdote lo esorta con queste parole: «La tua stessa intelligenza, che ora è il Vuoto, e che non devi però considerare il vuoto del Nulla ma l'intelligenza in sé, senza vincoli, risplendente, commossa e beata, *è* la coscienza, il Buddha perfetto». Poi gli consiglia di meditare sulla sua divinità tutelare, che è da paragonare al riflesso della luna sull'acqua, visibile ma inesistente.

Se è indegna di quella luce, l'anima si ritrae ed entra nel secondo *bardo*. Il morto vede che lo spogliano, spazzano la camera e ode i lamenti dei parenti, ma non può comunicare con essi. In tale stato sperimenta visioni: dapprima appaiono divinità benefiche e poi divinità iraconde dalla forma mostruosa. Il sacerdote lo avverte che quelle forme sono emanazioni della sua coscienza e non hanno realtà oggettiva.

Per sette giorni vedrà sette divinità pacifiche, ciascuna delle quali irradia una luce di diverso calore, ma insieme vede altre luci che corrispondono ai mondi in cui l'anima può reincarnarsi; tra questi, quello degli uomini. Il monaco gli consiglia di preferire le luci delle divinità ed evitare le altre che lo tentano perché perpetui il Samsara; s'intende che divinità e luci promanano dal soggetto e dal karma cui egli ha dato vita. A partire dall'ottavo giorno si presentano le divinità iraconde, che sono le stesse di prima con aspetto mutato. La prima ha tre teste, sei mani, quattro piedi; è avvolta in fiamme, ornata da crani umani e serpenti neri; le mani destre brandiscono una spada, un'ascia e una ruota; le sinistre, una campana, un aratro e un teschio da cui beve sangue.

Il quattordicesimo giorno appaiono i quattro guardiani dei quattro punti cardinali con teste di tigre, di maiale, di serpente e di leone; il nord, il sud, l'est e l'ovest produrranno poi altre divinità zoomorfiche. Tutte queste forme sono gigantesche.

Finalmente, dinanzi al Signore della Morte si celebra il giudizio dell'anima. Con ogni uomo son nati un genio tutelare e uno malvagio; il primo conta le sue buone azioni con ciottoli bianchi, l'altro quelle cattive con ciottoli neri. È inutile che l'anima cerchi di mentire; il giudice consulta lo Specchio del Karma, che riflette chiaramente tutto il percorso della sua vita. Il Signore della Morte è la coscienza; lo Specchio del Karma, la memoria.

Riconosciuta la natura allucinatoria del lungo processo, il morto sa quale sarà la sua prossima reincarnazione. Coloro che hanno raggiunto il Nirvana si sono già salvati nelle tappe iniziali. Il curioso lettore che voglia esplorare il lungo cammino dell'anima può consultare *The Tibetan Book of the Dead* di W. Y. Evans Wentz, che ha una prefazione di Jung. Il nome del libro fu suggerito da *Il libro dei morti* egizio. Un altro testo mistico tibetano, di lettura più agevole, è il poema che s'intitola *La legge del Buddha tra gli uccelli, ghirlanda preziosa.*

L'idea di un concilio di uccelli (suggerita forse dalle innumerevoli voci di uccelli che risuonano all'alba e al tramonto) è presente nelle letterature di Grecia, Persia, Inghilterra e Indostan. La tradizione narra che il Buddha predicò la sua legge agli dèi, ai serpenti, ai demoni, agli uomini, in tutte le lingue dell'universo; nel poema ricordato un Bodhisattva, Avalokitésvara, si trasforma magicamente in cuculo e ammaestra gli uccelli del Tibet e dell'India. L'avvoltoio, la gru, l'oca, la colomba, il granchio, la civetta, il gallo, l'allodola, il tordo, il gheppio e il pavone lamentano l'amarezza e incertezza del vivere. Il cuculo, su richiesta del pappagallo, «destro nell'arte di parlare», ripete loro che nulla c'è nell'universo che non sia fugace e illusorio. I palazzi di pietra hanno le fondamenta nell'aria; gli incontri di amici e parenti sono come incontri di viaggiatori che dividono il pane con sconosciuti; i corpi sono effimeri come nubi; il cangiante piumaggio del pavone è come la spuma che il vento disperde; nascere e morire è sognare che si nasce e si muore; i Buddha che redimono l'universo sono i Buddha di un sogno. Gli uccelli, edificati da questa predica, promettono di riformare i loro costumi, tranne la poiana e il corvo, che sono incalliti nel male.

In una delle strofe, il gallo dice:

> Finché vivrete in questo mondo del Samsara, non avrete gioia duratura.
> Il compiere azioni mondane non ha fine.
> Nella carne e nel sangue non c'è stabilità.
> Mara, Signore della Morte, non è mai assente.
> L'uomo più ricco se ne va solo.
> Siamo obbligati a perdere coloro che amiamo.
> Dovunque guardiate, nulla v'è di sostanziale.
> Mi comprendete?

Anche Francesco d'Assisi predicò agli uccelli, ma si limitò a rammentare loro la gratitudine che dovevano al Signore, che aveva dato loro «vestito doppio e triplo e libertà per andare dappertutto».

9. Il buddismo in Cina

La storia del buddismo nel Celeste impero è alquanto complessa; è incerta anche la data in cui vi fu introdotto. Una leggenda la colloca nel primo secolo dell'era cristiana: l'imperatore Ming-Ti avrebbe sognato un luminoso uomo d'oro in cui credette di riconoscere il Buddha; inviò emissarî in India per far venire monaci che ne predicassero la fede. Secondo altre versioni, la dottrina del Buddha era conosciuta in Cina già da tre secoli e vi era giunta dal nord dell'India attraverso l'Asia centrale.

In Cina, il buddismo dovette misurarsi con una cultura secolare fermamente radicata nei libri canonici di Confucio e col taoismo fondato dal suo contemporaneo Lao Tse, vissuti entrambi nel sesto secolo precedente la nostra era. Il confucianesimo più che una religione è un sistema etico e sociale; il taoismo insegna, come il buddismo, che l'universo è irreale. È famosa la parabola di Chuang-Tzu, uno dei suoi maestri: «Chuang-Tzu sognò di essere una farfalla e non sapeva, destandosi, se era un uomo che aveva sognato d'essere una farfalla o una farfalla che ora sognava d'essere un uomo».

Nonostante gli ostacoli, la fede buddista toccò l'apice nel sesto secolo dell'era cristiana; i testi pali di *Tripitaka* furono tradotti e un gran numero di missionari giunse dall'Indostan. Quando nel 526 il patriarca Bodhidharma arrivò in Cina, l'imperatore menò vanto dei numerosi monasteri che aveva fondati e del numero crescente di monaci; Bodhidharma gli disse che tali cose appartenevano al mondo delle apparenze e che non aveva acquistato alcun merito. Poi si ritirò a meditare. Secondo una leggenda, trascorse nove anni in silenzio davanti a un muro, dove rimase impressa la sua immagine. Fondò la setta della meditazione (Ch'an) che avrebbe dato origine in Giappone al buddismo Zen.

Il buddismo in Cina dovette venire a patti col culto degli antenati e con la mitologia in cui aveva degenerato il taoismo. I cinesi hanno sempre esaltato il concetto della famiglia e non potevano essere attratti dal carattere monacale del buddismo; per i più i monaci erano «i fuchi dell'alveare, meno utili del baco da seta». Tuttavia quegli insetti erano gli unici intermediari tra la gente e i temuti dèi, e i loro buoni uffici non furono gratuiti.

I monaci erano, di norma, persone ignoranti reclutate tra i contadini, né ricevevano una buona istruzione nel monastero. I poveri erano soliti vendere i figli in tenera età come futuri novizi. In un paese dove la cultura classica era un requisito indispensabile per farsi strada, il buddismo non poté godere di alcun prestigio tra le classi colte. Gli nocquero anche l'origine straniera e l'impossibilità di fonderlo con la tradizione cinese. Ciò nonostante, influì sui costumi, la letteratura e le arti plastiche.

Vi furono sette che venerarono le diverse forme del Buddha; uno dei fatti più curiosi è la trasformazione di Avalokitésvara nella dea della misericordia Kuan Yin, la cui immagine si trova con frequenza nell'iconografia.

In oriente una religione non è incompatibile con altre; vi furono sette che fusero elementi del taoismo e del confucianesimo. La mente cinese è ospitale; si eressero templi che albergavano imparzialmente le tre religioni.

Uno dei romanzi buddisti cinesi più popolari, chiamato *Viaggio all'Ovest*, narra le fantastiche avventure di una scimmia, un cavallo e un maiale che vanno in pellegrinaggio in India in cerca di libri sacri; la data in cui fu composto è incerta, ma può essere assegnata al sedicesimo secolo. La scimmia simboleggia l'intelligenza, il cavallo lo spirito, il maiale la sensualità. Al ritorno scoprono che i testi sono senza parole, avvenga ciò perché sono stati ingannati o perché la Verità è incomunicabile e non può essere espressa in parole.

Riferiamo un episodio della versione inglese di Waley, intitolata *Monkey*:

Il Buddha disse alla Scimmia: «Facciamo una scommessa. Se con un salto potrai uscire dal palmo della mia mano, ti darò il trono che ora occupa l'Imperatore di Jade».

La Scimmia spiccò un gran salto e si perse di vista. Giunse in un luogo, dove si levavano cinque pilastri color rosa e pensò d'aver raggiunto il confine del mondo. Si strappò un pelo, ne fece un pennello e scrisse ai piedi del pilastro di centro: *Il Gran Sapiente, Colui la cui sapienza è uguale al Cielo, giunse in que-*

sto luogo. Con un altro salto tornò là dov'era partito e disse al Buddha: «Sono andato e tornato, ora puoi darmi il trono».

Il Buddha rispose: «Non hai lasciato il palmo della mia mano. Osservalo bene».

La Scimmia guardò in basso e lesse, alla base del dito medio, le parole: *Il Gran Sapiente, Colui la cui sapienza è uguale al Cielo, giunse in questo luogo*.

10. Il buddismo tantrico

Quando si studia il buddismo tantrico, bisogna ricordare che la credenza nella magia è comune in oriente e specialmente in India. Vi abbondano gli incantatori: anche oggi il viaggiatore crede di vedere un uomo che getta in aria una corda e vi si arrampica, ma la fotografia dimostra che è solo un'allucinazione suggerita dal mago.

Le date del buddismo tantrico non sono precise, ma sappiamo che si divide in due scuole, quella della Mano Sinistra e quella della Mano Destra: questa attribuisce maggiore importanza al principio maschile dell'universo, l'altra a quello femminile. I cinesi le unirono, rappresentando ciascuna di esse con un circolo magico o *mandala*; il primo simboleggia il tuono, il secondo la matrice, ma si crede che essenzialmente siano identici e costituiscano due aspetti della suprema realtà. Entrambe rifiutano i rigori dell'ascetismo e cercano la salvezza mediante il pieno godimento dei sensi, affermando che la felicità terrena non è un ostacolo per la salvezza degli uomini.

La letteratura del Tantra comprende inni, preghiere, trattati e descrizioni di esseri mitici, che impersonano le forze spirituali e magiche utilizzate per percorrere la via della salvezza. Anche gli dèi fan parte del Samsara, ma sono un più adatto oggetto di meditazione di quanto sia il mondo fisico.

Il buddismo tantrico crede che l'illuminazione possa essere ottenuta solo per mezzo di una dottrina esoterica che il maestro, il *guru*, insegna oralmente al discepolo, il *chela*, e che non è possibile trovare nelle scritture sacre. La pratica ammette tre metodi: la ripetizione di formule, i gesti e danze rituali e la meditazione che ci identifica con determinate divinità.

Per l'occidente, l'essenziale delle cose è ciò che tocchiamo e vediamo; per l'oriente, non ha minore importanza ciò che udiamo. Ogni parola consta di sillabe, e il suono di ciascuna sillaba corrisponde a una divinità che può essere evocata pronunciandola ripetutamente. Queste divinità, il cui numero e nome sono fissi, vengono create dalla parola di colui che prega. Il concetto di un dio generato dalla preghiera può sembrarci una bestemmia, ma bisogna ricordare che gli dèi, come gli uomini e le cose, appartengono al mondo delle apparenze. Per aiutare l'immaginazione esiste una tradizione pittorica: certi mandala rappresentano le divinità e altri sono simboli dei Buddha e dell'universo. L'iniziato s'identifica con la divinità creata dalla preghiera e acquista i suoi poteri. In un testo sacro si legge: «Colui che adora, colui che è adorato e la preghiera sono una medesima cosa».

Per la filosofia tantrica, il mondo consta di sei elementi: la terra, l'acqua, l'aria, il fuoco, lo spazio e la coscienza. La somma di tali elementi costituisce il corpo cosmico del Buddha, del quale l'universo, come ciascuno di noi, è solo un riflesso. Le funzioni, fisiche e spirituali, compiute dagli organismi appartengono all'onnipresente corpo cosmico. Il devoto, con l'eseguire azioni sacre, si adatta alle eterne energie e le impiega per i propri fini, che non debbono essere egoistici. Questa filosofia e le diverse e complesse mitologie che ne derivano culminarono, intorno al decimo secolo, in un sistema monoteistico che fece del Buddha un dio creatore; è evidente che un tale sistema ha ben poco in comune col buddismo originario, la cui meta essenziale era il Nirvana e che si opponeva a ogni speculazione metafisica. Si ricordino le parole di Bernard Shaw (*The Religious Speeches of Bernard Shaw*, 1965) sull'Impulso Vitale: «questa forza cerca continuamente di ottenere un maggiore potere. Producendo membri e organi per noi, li produce per sé e non cessa mai di tendere alla massima perfezione. Se non trova ostacoli nella sua azione, finirà col raggiungere una condizione che chiameremo di onnisapienza e onnipotenza. Dio si sta facendo».

Dei due Tantra, quello della Mano Sinistra è il più importante. I suoi elementi fondamentali sono: il culto di divinità femminili o *shaktis*, che comunicano il loro potere agli dèi loro coniugi; l'esistenza di innumerevoli demoni e l'esecuzione di complicati riti sepolcrali; il concetto che l'atto sessuale è uno dei mezzi di salvazione.

L'adorazione delle *shaktis* portò alla credenza che una donna possa raggiungere il Nirvana senza doversi reincarnare in un uomo, come sostengono gli ortodossi. La sapienza fu concepita come una dea; l'origine di questa divinità la si può trovare nel sud dell'India, la cui cultura primitiva era matriarcale. La Suprema Realtà sarebbe l'unione del principio maschile, attivo, con quello femminile, passivo; l'arte pittorica della setta suole rappresentare chiaramente l'abbraccio degli dèi come simbolo di gioia assoluta. Anche da noi la poesia mistica — si pensi a San Giovanni della Croce e a John Donne — fa ricorso a immagini nuziali per esprimere l'estasi.

Gli gnostici di Alessandria insegnavano che, per liberarsi di un peccato, occorre averlo commesso; allo stesso modo il buddismo tantrico della Mano Sinistra consiglia la pratica così degli atti più piacevoli come dei più ripugnanti, come cibarsi di carne di elefante, di cavallo o di cane aromatizzata con orina.

Il Tantra della Mano Destra afferma che dobbiamo sublimare le passioni perché queste divengano mezzo di salvazione, mentre quello della Mano Sinistra considera tale sublimazione non necessaria.

11. Il buddismo Zen

Com'è noto, la fede del Buddha ebbe origine nel Nepal di dove emigrò in Indocina e in Cina ad opera di missionari, il più famoso dei quali fu Bodhidharma, il Primo Patriarca, al principio del sesto secolo della nostra era. Si narra che Shen-Kuan, discepolo e successore del Patriarca, non aveva compreso in un primo tempo la sua dottrina, la cui rivelazione gli era rifiutata da quegli. Per dar prova della sincerità della sua fede, Shen-Kuan si tagliò il braccio sinistro; Bodhidharma, rompendo un silenzio che durava da anni, gli domandò che cosa desiderasse. Shen-Kuan gli rispose: «Non c'è pace nella mia mente; fammi la misericordia di concedergliela». Bodhidharma gli disse: «Mostrami la tua mente e ti darò pace»; rispose il discepolo: «Quando cerco la mia mente non la trovo». «Bene», disse Bodhidharma, «ora sei in pace». Shen Kuan allora ricevette un'improvvisa illuminazione: comprese la Verità.

Questo aneddoto, che è forse il meno oscuro di quelli che citeremo, è il primo esempio d'intuizione istantanea, che in Giappone si chiama *satori* ed equivale a quello che sperimentiamo formulando di colpo la risposta a un indovinello o comprendendo lo spirito di una battuta o la soluzione di un problema.

Una delle sette cinesi fu quella di Ch'an (meditazione), che nel sesto secolo passò in Giappone dove prese il nome di Zen.

Le nostre abitudini mentali obbediscono ai concetti di soggetto e oggetto, di causa ed effetto, di probabile e improbabile e ad altri schemi d'ordine logico che ci paiono evidenti; ebbene, la meditazione, che può esigere anni, ci libera da essi e ci prepara per quel lampo improvviso che è il *satori*.

Diffidare del linguaggio, dei sensi, della realtà del passato proprio o altrui e della stessa esistenza del Buddha, sono alcune delle discipline che deve imporsi l'adepto. In certi monasteri le immagini del Maestro vengono usate per alimentare il fuoco; le scritture sacre sono destinate a fini ignobili. Tutto ciò può ricordarci l'espressione biblica: *La lettera uccide, ma lo spirito dà vita* (*Cor.*3-8).

Per provocare il *satori*, il metodo più comune è quello di usare il *koan*, che consiste in una domanda la cui risposta non risponde alle leggi della logica. L'esempio classico viene attribuito a vari maestri. A uno di essi fu domandato: «Che cos'è il Buddha?», ed egli rispose: «Tre libbre di lino». I commentatori osservano che non si tratta di una risposta simbolica. A un altro maestro fu domandato: «Perché il Primo Patriarca venne dall'ovest?», e la risposta fu: «Il cipresso nell'orto».

Il numero di discepoli di Po-Chang fu così grande che dovette fondare un altro monastero. Allo scopo di scegliere chi dovesse reggerlo, li riunì tutti, mostrò loro un orcio e disse: «Senza usare la parola *orcio*, ditemi che cos'è». Il priore rispose: «Non è un pezzo di legno». Il cuoco, dirigendosi verso la cucina, dette all'orcio una pedata e proseguì. Po-Chang lo mise a capo del monastero.

Forse più interessante è la storia di Toyo, che compiuti dodici anni volle essere istruito dal maestro Mokurai. Dapprima questi non vuole accettarlo come discepolo a causa dell'età immatura; il ragazzo insiste e Mokurai dice: «Puoi udire il suono di due mani che applaudono. Mostrami ora come applaude una sola». Toyo si ritira nella sua camera e mentre medita ode vicino la musica di alcune geishe. «Ho capito!», proclamò. Il giorno dopo, quando il maestro lo interroga, Toyo intona la musica delle geishe. «No», dice il maestro, «questo non è il suono di una mano.» Toyo cerca un luogo più tranquillo e ode gocciolare acqua. «Ho capito», pensa. Il giorno seguente, imita dinanzi a Mokurai il suono dell'acqua; Mokurai gli dice: «Questo somiglia al suono dell'acqua, non all'applauso di una mano. Prova di nuovo». E così di seguito, Mokurai ode e disapprova il fischio del vento, il grido della civetta, il canto dei grilli e molti altri suoni. Per un anno Toyo medita sul suono di una sola mano che applaude. Finalmente torna dal maestro e gli dice: «Mi sono stancato di ascoltare e di ripetere e sono arrivato al suono senza suono». Il maestro gli risponde: «Hai indovinato».

Per provocare il satori alcuni maestri sostituiscono il koan con mezzi più violenti. A una domanda del discepolo sul viaggio di Bodhidharma, Ma-Tsu lo getta a terra con un calcio. Il neofita ride ed esclama: «Innumerevoli sono le verità insegnate dai Buddha; ora non ce n'è una che io non comprenda simultaneamente». Altri maestri ricorrevano all'urlo, al ceffone e a diverse forme di violenza fisica, ma non mancano esempi di moderazione. Così Te-Shan, prima di ricevere la rivelazione, aveva scelto come maestro Ch'ung-Hsin. Prese alloggio nel monastero; all'annottare, se ne stava seduto a meditare quando Ch'ung-Hsin gli domandò: «Perché non entri?». Te-Shan rispose: «È buio». Il maestro tornò con una candela accesa e quando il discepolo fu per prenderla la spense; Te-Shan intuì immediatamente la Verità.

Paragonando la mistica cristiana o islamica con quella del buddismo, si noteranno le seguenti affinità: *a.* il disdegno degli schemi razionali, considerati nient'altro che mezzi; non c'è chi creda che i molti volumi della *Summa Theologica* equivalgano all'esperienza della Verità; *b.* la percezione intuitiva, estranea a quella che possono offrire i sensi; *c.* la conoscenza assoluta, che ci dà una certezza piena non confutabile dalla logica; chi la possiede può prescindere da premesse e conclusioni. Una volta in possesso della verità, il mistico avverte che l'opposizione dei contrari si concilia in qualche modo in una realtà superiore, e si trova perciò al di là dei valori della morale corrente. Quando Sant'Agostino scrive: *Ama e fa' ciò che vuoi*, volle forse dire che l'uomo che ha conquistato l'amore divino è incapace di agire male; *d.* l'annientamento dell'Io: la nostra vita passata è assorbita dal Tutto; la pace e il conforto costituiscono la ricompensa immediata; *e.* la visione del molteplice universo trasformato in unità[1]; *f.* una sensazione di intensa felicità.

Quanto alle differenze, il buddismo ignora ogni relazione personale con un dio, giacché è una dottrina essenzialmente atea nella quale non esistono né il credente né la divinità. Contrariamente a quanto accade nell'ebraismo e nelle sue derivazioni, cristianesimo e islamismo, in esso non esistono neppure i patetici concetti di colpa, pentimento e perdono. Non si raggiunge il satori mediante l'adorazione, il timore, la fede, l'amore di Dio o la

[1] Ricordiamo i versi di Blake: *To see a World in a grain of sand / and a Heaven in a wild flower / hold Infinity in the palm of your hand / and Eternity in an hour* (Vedere un Mondo in un granello di sabbia / e un Paradiso in un fiore selvatico, / far entrare l'Infinito nel palmo della mano / e l'Eternità in un'ora).

penitenza; la sua è una disciplina che cerca la pace ed elimina le emozioni. Il maestro Te-Shan non pregò mai, non chiese mai che le sue colpe gli fossero perdonate, non venerò mai l'immagine del Buddha, né lesse mai le scritture o bruciò incenso. Tali azioni erano, a suo giudizio, vane formalità; a lui interessava soltanto la ricerca incessante e accanita.

Tai- Hui paragona il satori a un incendio che sta per consumarci o a una spada nuda che ci minaccia. L'universo intero è un koan vivente e minaccioso che dobbiamo risolvere e la cui soluzione porta con sé quella di ogni domanda. D'altro canto, ciascuna delle parti contiene il tutto (la stessa cosa si verifica nei numeri transfiniti studiati da Cantor, ciascuna delle cui serie ha lo stesso numero del totale) e comprendendola si comprende l'universo.

Penetrare intellettualmente la dottrina del Buddha non è l'importante: essenziale è un'illuminazione interiore, che sembra corrisponda all'estasi. Si pensi alla parabola indiana del viaggiatore che percorre d'estate un deserto e che, incontrando un altro viandante, gli dice che, sfinito per la stanchezza e la sete, cerca una sorgente. Il viandante gli indica la via. Con questo, non è ancora saziata la sete né sollevata la stanchezza; bisogna che il viaggiatore arrivi alla sorgente. Il deserto è la nascita e la morte, il primo viaggiatore ogni essere vivente, il viandante il Buddha, la sorgente il Nirvana. Come tutti i mistici, il buddista non crede al linguaggio e agli argomenti. Si ricordi la parabola della freccia, che risale allo stesso Gotama; lo Zen ha ereditato quella tradizione e fa prevalere il satori sui riti, l'erudizione e il filosofare. Il satori è dunque il principio e il fine dello Zen; è stato paragonato a un fiore che si schiude all'improvviso.

Lo Zen ha influito e ancora influisce nella vita quotidiana delle comunità che lo professano. Le diverse arti — l'architettura, la poesia, il disegno, la pittura, la calligrafia — mostrano tale influsso. La deliberata omissione e il suggerire ne sono elementi essenziali; si ricordino i disegni appena accennati e la brevità delle strofe dei *tanka* e degli *hai-ku*. Leggiamone qualche esempio:

Più fugace del brillare di una foglia trasportata dal vento, la vita.

La sposata senza figli, con quanta tenerezza tocca le bamboline nel negozio!

Susino della riva: l'acqua si porta via davvero i tuoi fiori riflessi?

Sui gradini del tempio, alzo alla luna d'autunno il mio vero volto.

Anche l'arduo addestramento nell'uso della spada e dell'arco non è solo un fine pratico ma un esercizio spirituale; il maestro libera la freccia nell'oscurità e colpisce il bersaglio, ma ciò importa meno della disciplina mentale che ha preceduto l'impresa.

L'ikebana, il cui significato letterale è: immersione di piante vive nell'acqua, coincide con l'introduzione del buddismo; la sua origine fu rituale, nacque nei monasteri e più tardi divenne usanza generale. Non c'è casa giapponese in cui non si dispongano fiori e rami nel *tokonoma*, nicchia nel muro che fa da santuario e viene sempre mostrata agli ospiti. Imparare l'ikebana richiede una grande concentrazione, non solo per quanto riguarda la scelta dei fiori ma anche il disegno che formano e che si basa sullo schema, sempre asimmetrico, delle tre linee che simboleggiano il cielo, la terra e l'uomo. L'estetica viene dopo; fondamentale è il sentimento religioso di chi dà vita all'opera come di chi la contempla. È frequente l'abitudine d'inchinarsi davanti alla composizione prima e dopo averla ammirata.

I giardini del Giappone sono famosi; molti sono concepiti come quadri, non sono mai troppo grandi e si cerca in essi di imitare la natura, evitando la simmetria e i colori vivi. L'acqua, se manca, è simulata con la sabbia e abbondano rocce e arbusti di forme armoniose. Il più celebre di tali giardini è quello di Ryoan-Ji, a Kyoto; è lungo trenta metri, largo dieci, e in esso si trovano quindici rocce grandi e piccole, disposte in cinque gruppi ordinati in modo diverso e distribuiti asimmetricamente. Risale al principio del sedicesimo secolo ed è considerato la quintessenza dell'arte Zen.

Caratteristica dello Zen è la cerimonia del tè, che si svolge in padiglioni destinati a tale scopo o nelle case. L'indole religiosa del rito si palesa nella lenta dignità dell'officiante, nella sobrietà dei dialoghi, nell'atteggiamento riverente dei commensali e nella bellezza e nettezza degli utensili. Per lo Zen, gli atti più comuni possono essere compiuti con spirito religioso e debbono elevare la nostra vita.

12. Il buddismo e l'etica

Sono duemilacinquecento anni che la predicazione di un piccolo principe del Nepal esercita la sua influenza su innumerevoli generazioni in Oriente; e che non ha fomentato guerre, ha insegnato invece agli uomini la serenità e la tolleranza. Citiamo alcuni testi dai libri canonici:

L'odio non può mai fermare l'odio; solo l'amore può farlo, è legge antica.

Se in battaglia un uomo ne vincesse mille, e un altro vincesse se stesso, il vero vincitore sarebbe il secondo.

Non c'è fuoco paragonabile alla passione, non c'è male paragonabile all'odio, non c'è dolore come quello di questa vita carnale, non c'è gioia più grande della pace.

In questo mondo fruttano felicità la bontà del cuore, la moderazione usata verso tutti gli esseri, l'assenza di passioni e il superamento dei desideri. Ma l'annientamento dell'egoismo è in verità la felicità suprema.

La felicità appartiene a colui che non possiede nulla, ha assimilato la dottrina e raggiunto la sapienza. Guarda come soffre chi possiede qualcosa. L'uomo è incatenato all'uomo.

Le pene, i lamenti e le sofferenze di molteplice aspetto che esistono a questo mondo avvengono a causa di ciò che si ama. Perciò sono felici e liberi dal dolore coloro che non hanno in questo mondo nulla che amino. Se aspiri allo stato libero da dolore e passione, non avere nulla che tu ami in alcun luogo di questo mondo.

Gli dèi non possono raggiungere con lo sguardo l'uomo nel cui intimo non c'è collera, che si trova al di là di qualunque forma di esistenza o di non esistenza, i cui timori sono svaniti ed è felice e libero dalla pena.

Una volta, mentre il Buddha si trovava in un bosco, morì l'unico figlio di un devoto laico. Al mattino i parenti si appressarono con le vesti e i capelli ancora umidi per il bagno rituale. Il Buddha domandò loro perché fossero in quelle condizioni, e il padre disse: «Signore, è morto il mio unico figlio, un ragazzo piacevole e che amavo molto». Il Buddha rispose: «Gli dèi e la maggior parte degli uomini, prigionieri del godimento di quanto ha apparenza piacevole, preda della sofferenza e della vecchiaia, cadono in potere del Re della Morte; ma coloro che, di giorno e di notte, desti e vigili, trascurano quanto ha apparenza piacevole, strappano via del tutto la radice della sofferenza, la lusinga della morte, così difficile da vincere».

Uno stolto, udito che il Buddha predicava che dobbiamo rendere bene per male, andò da lui e lo insultò. Il Buddha tacque. Quando l'altro ebbe finito, gli domandò: «Figlio mio, se un uomo rifiutasse un regalo, a chi apparterrebbe questo?». L'altro rispose: «A colui che volle offrirlo». «Figlio mio», replicò il Buddha, «mi hai insultato, ma io rifiuto il tuo insulto che rimane con te. Non sarà forse fonte di sventura per te?» Lo stolto andò via vergognoso, ma poi tornò e fu accolto dal Buddha.

Sona, discepolo di Buddha, si stancò dei rigori dell'ascetismo e decise di tornare a una vita di piaceri. Il Buddha gli disse: «Non fosti un tempo destro nell'arte del liuto?». «Sì, Signore», disse Sona.

«Se le corde sono troppo tese, darà il liuto il suono giusto?»

«No, Signore».

«Se sono troppo lente, darà il liuto il suono giusto?»

«No, Signore».

«Se non sono troppo tese né troppo lente, saranno al punto esatto perché se ne tragga il suono?»

«Così è, Signore.»

«Allo stesso modo, Sona, le forze dell'anima troppo tese cadono nell'eccessivo rigore, e quelle troppo lente nella mollezza. Così dunque, oh Sona, fa' che il tuo spirito sia un liuto ben temprato.»

Un fiume separava due regni; gli agricoltori lo utilizzavano per irrigare i loro campi, ma un anno sopravvenne una siccità e l'acqua non bastò per tutti. Dapprima si picchiarono, poi i due re inviarono eserciti per proteggere i loro sudditi. La guerra era imminente; il Buddha s'incamminò alla volta della frontiera dov'erano accampati i due eserciti.

«Ditemi», disse, rivolgendosi ai due re: «Che cosa vale di più, l'acqua del fiume o il sangue dei vostri popoli?».

«Non v'è dubbio», risposero i re, «il sangue di questi uomini vale più dell'acqua del fiume.»

«Oh, re stolti», disse il Buddha, «spargerete la cosa più preziosa per ottenere ciò che vale molto meno! Se darete inizio alla battaglia, spargerete il sangue dei vostri uomini e non avrete aumentato di una sola goccia la portata del fiume.»

I re, vergognosi, decisero di accordarsi in modo pacifico e di dividersi l'acqua. Di lì a poco giunsero le piogge e ci fu acqua per tutti.

Fonti

Per la redazione di questo libro sono state consultate, fra altre, le seguenti opere:

H. BENOIT, *La doctrine suprême*, Paris, 1951.
E. BESWICK, *Jataka tales*, London, 1956.
E.H. BREWSTER, *The Life of Gotama the Buddha*, London, 1956.
E. CONZE, *Buddhism. Its Essence and Development*, Oxford, 1951.
E. CONZE, *The Buddha's Law among the Birds*, Oxford, 1955.
A. DAVID-NEEL, *Le Bouddhisme*, Monaco, 1936.
A. DAVID-NEEL, *Místicos y magos del Tibet*, Madrid, 1968.
C. DRAGONETTI, *La palabra del Buda*, Barcelona, 1971.
W.Y. EVANS-WENTZ, *The Tibetan Book of the Dead*, Oxford, 1957.
V. FATONE, *El budismo nihilista*, Buenos Aires, 1962.
A. FOUCHER, *La vie du Bouddha*, Paris, 1949.
A. FOUCHER, *Las vidas anteriores de Buda*, Madrid, 1959.
R. FUSSELL, *The Buddha and his Path to Self-Enlightenment*, London, 1955.
G. GRIMM, *Die Lehre des Buddha*, München, 1917.
E. HERRIGEL, *Zen in the Art of Archery*, London, 1953.
G.L. HERRIGEL, *Zen in the Art of Flower Arrangement*, London, 1958.
CH. HUMPHREYS, *Buddhism*, London, 1951.
O. KAZUKO, *The Book of Tea*, Tokyo.
H. KERN, *Manual of Indian Buddhism*, 1896.
M. LADNER, *Gotamo Buddha*, Zürich, 1948.
K.W. MORGAN, *The Path of the Buddha*, New York, 1956.
H. OLDENBERG, *Buda. Su vida, su obra, su comunidad*, Buenos Aires, 1946.
P. REPS, *Zen flesh, Zen bones*, Tokyo, 1970.
R.A. STEIN, *La civilization tibétaine*, Paris, 1962.
D.T. SUZUKI, *Essays in Zen Buddhism*, First Series, London, 1927. Second Series, London, 1950.
E. J. THOMAS, *The Life of Buddha as Legend and History*, London, 1952.
A. WALEY, *Monkey*, London, 1942.
A.W. WATTS, *The way of Zen*, London, 1971.
The Word's Great Religions, New York, 1957.

Indice

Tascabili Economici Newton

100 pagine 1000 lire

1. **Sigmund Freud**, *Il sogno e la sua interpretazione*
2. **William Shakespeare**, *Amleto*
3. **Franz Kafka**, *La metamorfosi* e *Nella colonia penale*
4. **Hermann Hesse**, *Vagabondaggio*
5. **Kahlil Gibran**, *La Voce del Maestro*
6. **Robert Louis Stevenson**, *Il Dr. Jekyll e Mr. Hyde*
7. **Sigmund Freud,** *Psicoanalisi, cinque conferenze*
8. **William Shakespeare**, *Otello*
9. **Italo Svevo**, *Corto viaggio sentimentale*
10. **Hermann Hesse**, *Amicizia*
11. **Mallanaga Vatsyayana**, *Kamasutra*
12. **Thomas Mann**, *La morte a Venezia*
13. **Charles Darwin**, *L'origine delle specie. Abbozzo del 1842*
14. **Friedrich W. Nietzsche**, *L'Anticristo*
15. **Federico García Lorca**, *I sonetti dell'amore oscuro*
16. **Hermann Hesse**, *Pellegrinaggio d'autunno*
17. **Marziale**, *I cento epigrammi proibiti*
18. **Edgar Allan Poe**, *Racconti del terrore*
19. **Pietro Aretino**, *Sonetti lussuriosi* e *Dubbi amorosi*
20. **William Shakespeare**, *Romeo e Giulietta*
21. **Oscar Wilde**, *Aforismi*
22. **Michail Bulgakov**, *Cuore di cane*
23. **Buddha**, *I quattro pilastri della saggezza*
24. **Edgar Allan Poe**, *Racconti del mistero*
25. **Sigmund Freud**, *Tre saggi sulla sessualità*
26. **Henrik Ibsen**, *Casa di bambola*
27. **Giovanni Paolo II**, *Pensieri di pace e di speranza*
28. **Hermann Hesse**, *Knulp*
29. AA.VV., *Canti degli indiani d'America*
30. **Edgar Allan Poe**, *Racconti d'incubo*
31. **Albert Einstein**, *Teoria dei quanti di luce*
32. **Luigi Pirandello**, *Sei personaggi in cerca d'autore*
33. **Seneca**, *La felicità*
34. **Hermann Hesse**, *Bella è la gioventù*
35. **Charles Baudelaire**, *Il poema dell'hashish*
36. **Horace Walpole**, *Il castello di Otranto*
37. *La regola sanitaria salernitana*
38. **Raymond Radiguet**, *Il diavolo in corpo*
39. **Seneca**, *L'ozio* e *La serenità*
40. **Hermann Hesse**, *Francesco d'Assisi*
41. **Ben Jonson**, *Il Dottor Sottile*
42. **John William Polidori**, *Il vampiro*
43. **Victor Hugo**, *L'ultimo giorno di un condannato a morte*

44. **Nikolaj V. Gogol'**, *Il cappotto* e *Il naso*
45. **Edmond Rostand**, *Cirano di Bergerac*
46. **Hermann Hesse**, *Klein e Wagner*
47. **Kahlil Gibran**, *Massime spirituali*
48. **Charles Baudelaire**, *Un mangiatore d'oppio*
49. **Friedrich W. Nietzsche**, *Ecce homo*
50. **Lucio Dalla**, *Parole cantate*
51. **Luigi Pirandello**, *Il turno*
52. **Hermann Hesse**, *Hermann Lauscher*
53. **Cicerone**, *L'amicizia*
54. **Franz Kafka**, *Lettera al padre*
55. **Renato Fucini**, *Le veglie di Neri*
56. **Howard P. Lovecraft**, *La casa stregata*
57. **Sigmund Freud**, *Al di là del principio del piacere*
58. **Ugo Betti**, *Corruzione al Palazzo di Giustizia*
59. **Kahlil Gibran**, *Le ali spezzate*
60. **Hermann Hesse**, *Amore*
61. **Giovenale**, *Contro le donne*
62. **Plutarco**, *Il fato* e *La superstizione*
63. **Giovanni Verga**, *Storia di una capinera*
64. **Francois de La Rochefoucauld**, *Massime*
65. **Joseph Sheridan Le Fanu**, *Carmilla*
66. **Ambrose Bierce**, *I racconti dell'oltretomba*
67. **George Eliot**, *Il velo dissolto*
68. **Bram Stoker**, *L'ospite di Dracula*
69. **Robert Louis Stevenson**, *Il ladro di cadaveri*
70. **Oscar Wilde**, *Il delitto di Lord Savile* e *Il fantasma di Canterville*
71. **Carlo Goldoni**, *La locandiera*
72. **Luigi Pirandello**, *L'umorismo*
73. **Hermann Hesse**, *Il miglioratore del mondo* e *Emil Kolb*
74. **Italo Svevo**, *Il buon vecchio e la bella fanciulla e altri racconti*
75. **Napoleone Bonaparte**, *Aforismi, massime e pensieri*
76. **Théophile Gautier**, *Jettatura*
77. **Franco Cuomo**, *Elogio del libertino*
78. **Joseph Conrad**, *Cuore di tenebra*
79. **Herman Melville**, *Billy Budd il marinaio*
80. **William H. Hodgson**, *L'orrore del mare*
81. **Robert Louis Stevenson**, *L'Isola delle Voci* e *La spiaggia di Falesà*
82. *Le avventure di Sindibàd il marinaio*
83. **Arthur Schopenhauer**, *Saggio sulla visione degli spiriti*
84. *I fioretti di San Francesco*
85. **Johann Wolfgang von Goethe**, *I dolori del giovane Werther*
86. **Seneca**, *Come vivere a lungo* e *La provvidenza*
87. **Karl Kraus**, *Aforismi in forma di diario*
88. **Arthur Conan Doyle**, *La mummia*
89. **Paul Verlaine**, *Femmes* e *Hombres*
90. **Aleksandr Isàevic Solzenicyn**, *Una giornata di Ivàn Denìsoviec*
91. **W.H. Hodgson/R.E. Howard/H.P. Lovecraft/S. Quinn M.W. Wellmann**, *Gli Indagatori dell'Incubo*
92. **Sören Kierkegaard**, *Diario del seduttore*
93. **Alessandro Manzoni**, *Storia della colonna infame*
94. **Kahlil Gibran**, *Gli dèi della terra*
95. **Ivo Andrić**, *Racconti di Sarajevo*
96. **Boris Vian**, *Non vorrei crepare*
97. **Luigi Pirandello**, *Questa sera si recita a soggetto*

98. **Mohandas Karamchand Gandhi**, *Buddismo, Cristianesimo, Islamismo*
99. *Canti d'amore e di libertà del popolo kurdo*
100. **Dante Alighieri**, *Divina Commedia*
101. **Virginia Woolf**, *Una stanza tutta per sé*
102. **Michail Bulgakov**, *Le uova fatali: l'invasione dei rettili giganti*
103. **Leonardo da Vinci**, *Aforismi, novelle e profezie*
104. **Gustav Meyrink**, *Racconti agghiaccianti*
105. **Carlo Bernari**, *L'ombra del suicidio*
106. **William Shakespeare**, *Molto rumore per nulla*
107. *Aladino e la lampada meravigliosa*
108. **Ugo Foscolo**, *Ultime lettere di Jacopo Ortis*
109. **Johann Wolfgang von Goethe**, *Elegie romane* e *Epigrammi veneziani*
110. **Epicuro**, *Massime e aforismi*
111. **Friedrich Schiller**, *Il Visionario*
112. **Mark Twain**, *La banconota da un milione di sterline e altri racconti*
113. **Giovanni Della Casa**, *Galateo*
114. *Le più belle arie d'opera*, (a cura di Piero Mioli)
115. **Giuseppe D'Agata**, *Il medico della mutua*
116. **Hermann Hesse**, *Aforismi*
117. **Kahlil Gibran**, *Aforismi. Sabbia e spuma*
118. **Ezra Pound**, *Aforismi e detti memorabili*
119. **Alphonse Karr**, *Aforismi sulle donne, sull'uomo e sull'amore*
120. **Friedrich W. Nietzsche**, *Aforismi*
121. **Charles Dickens**, *Un canto di Natale*
122. **Charles Dickens**, *Il grillo del focolare*
123. **Charles Dickens**, *Il patto col fantasma*
124. **Charles Dickens**, *Le campane*
125. **Charles Dickens**, *La battaglia della vita*
126. **Karl Marx/Friedrich Engels**, *Manifesto del partito comunista*
127. **Ippocrate**, *Aforismi e Giuramento*
128. **Ettore Petrolini**, *Macchiette, lazzi, colmi e parodie*
129. **Sun Tzu**, *L'arte della guerra*
130. **David Herbert Lawrence**, *La vergine e lo zingaro*
131. **Edith Wharton**, *Ethan Frome*
132. **E. Hoffmann Price/G. Stroup/A. Burks/A. Graham/H. Lieferant**, *Le case maledette*
133. **Stephen Crane**, *Il segno rosso del coraggio*
134. **Gaspara Stampa**, *I sonetti d'amore*
135. **Gilles Bellemère**, *Le quindici gioie del matrimonio*
136. **Oscar Wilde**, *L'amore e le donne. Aforismi*
137. *Luna d'amore* (a cura di Luciano Luisi)
138. **Carlo Goldoni**, *Gl'innamorati*
139. **Tommaso Moro**, *Utopia*
140. **Guy de Maupassant**, *Le Horla e altri racconti dell'orrore*
141. **Giulio Mazzarino**, *Breviario dei politici*
142. **Buddha**, *Aforismi e discorsi*
143. *Donna, mistero senza fine bello* (a cura di Silvio Raffo)
144. **Diego Fabbri**, *Processo a Gesù*
145. **Aristofane**, *Le commedie delle donne*
146. **Edgar Allan Poe**, *Racconti dell'impossibile*
147. **Joseph Sheridan Le Fanu**, *Tre casi del dr. Hesselius*
148. **Anonimo Francofortese**, *Libretto della vita perfetta*
149. **Roberto Gervaso**, *Aforismi*
150. *Antologia del blues* (a cura di Elena Clementelli e Walter Mauro)
151. **August Strindberg**, *Inferno*

152. **Cicerone**, *L'arte di invecchiare*
153. *Mamma, le più belle poesie a te dedicate* (a cura di Giovanni Gigliozzi)
154. **Arthur Schnitzler**, *Il ritorno di Casanova*
155. **Mao Tse-tung**, *Citazioni. Il «libretto rosso»*
156. **Oscar Wilde**, *De Profundis*
157. **Apicio**, *La cucina dell'antica Roma*
158. **Ludwig Andreas Feuerbach**, *L'essenza della religione*
159. **Nathaniel Hawthorne**, *Racconti neri e fantastici*
160. **Jack London**, *La sfida e altre storie di boxe*
161. **Giorgio Saviane**, *L'inquisito*
162. **Motti dannunziani** (a cura di Paola Sorge)
163. **Pietro Verri**, *Osservazioni sulla tortura*
164. **Nikolaj V. Gogol'**, *I racconti degli «Arabeschi»*
165. **J. Rudyard Kipling**, *Il risciò fantasma e altre storie fantastiche*
166. **Fëdor Michajlovič Dostoevskij**, *Le notti bianche*
167. **Marcel Proust**, *Massime e aforismi dalla «Recherche»*
168. **Molière**, *L'Avaro*
169. **Friedrich Wilhelm Nietzsche**, *Crepuscolo degli idoli*
170. **Luciano di Samosata**, *Storia vera*
171. **Hermann Hesse**, *L'ultima estate di Klingsor*
172. **Johann Wolfgang von Goethe**, *Massime*
173. **Alfred Adler**, *Psicologia dell'omosessualità*
174. **H. Wire/R.C. Albright/S.F. Wright/T.McClusky**, *Storie di streghe*
175. **William Shakespeare**, *Sogno di una notte di mezza estate*
176. **Michel Eyquem de Montaigne**, *Dizionario della saggezza*
177. **Rainer Maria Rilke**, *Danze macabre*
178. **Plutarco**, *Sull'amore*
179. **H. Walpole/V. Lee/O. Onions/M.R. James/F.M. Crawford**, *Fantasmi inglesi*
180. **H. James/H. Lawlor/M. Freeman/D. Quick/A. Bierce**, *Fantasmi americani*
181. **J. S. Le Fanu/F.J. O'Brien/B. Stoker**, *Fantasmi irlandesi*
182. **Th. Gautier/Ch. Nodier/P. Mérimée/G. de Maupassant E. Zola**, *Fantasmi francesi*
183. **L. Capuana/L. Gualdo/A. Lauria/L. Pirandello/I. Tarchetti A. Mazzarese**, *Fantasmi italiani*
184. **E.T.A. Hoffmann/G. Meyrink**, *Fantasmi tedeschi*
185. **Rudyard Kipling**, *L'uomo che volle farsi re* e *I costruttori di ponti*
186. **Voltaire**, *Candido o l'ottimismo*
187. **Sigmund Freud**, *Aforismi e pensieri*
188. **Sallustio**, *La congiura di Catilina*
189. **David H. Lawrence**, *L'uomo che amava le isole*, e *L'uomo che era morto*
190. **A. Eadie/E. Stone/G. Pilo**, *Mal di luna*
191. **Arthur Rimbaud**, *Illuminazioni*
192. **Federigo Tozzi**, *Con gli occhi chiusi*
193. **W. Somerset Maugham**, *Liza di Lambeth*
194. **Cesare Beccaria**, *Dei delitti e delle pene* e *Commento di Voltaire*
195. **Virgilio**, *Bucoliche*
196. **Honoré de Balzac**, *Il colonnello Chabert*
197. **Antologia degli spirituals**, (a cura di E. Clementelli e W. Mauro)
198. **Gustave Flaubert**, *Tre racconti*
199. **Pietro Abelardo**, *Storia delle mie sventure* e *lettere di Eloisa*
200. **William Shakespeare**, *Maebeth*
201. **Hermann Hesse**, *Il vagabondo*

202. **Gabriele D'Annunzio,** *Giovanni Episcopo*
203. **Thomas Mann,** *Cane e padrone*
204. **Luigi Pirandello,** *Una giornata*
205. **William Shakespeare,** *Re Lear*
206. **Confucio,** *Massime*
207. **Jorge Luis Borges,** *Cos'è il buddismo*
208. **Sigmund Freud,** *Storia del movimento psicoanalitico* e *L'interesse per la psicoanalisi*
209. **Howard P. Lovecraft,** *La tomba e altri racconti dell'orrore*
210. **Jack London,** *Il richiamo della foresta*
211. **Nostradamus,** *Le profezie*
212. **Seneca,** *Guida alla saggezza*

Caro lettore,

ritagli e invii in busta chiusa, dopo aver risposto alle nostre domande, la scheda allegata.

Riceverà in omaggio periodicamente il nostro catalogo.

Dove ha acquistato il libro?

☐ libreria ☐ edicola ☐ ipermercato ☐ regalo

Ritiene di aver acquistato, indipendentemente dall'opera, un prodotto editoriale:

☐ scadente ☐ mediocre ☐ buono ☐ ottimo

Barri con una X le aree di lettura che predilige:

☐ narrativa	☐ filosofia	☐ antropologia	☐ storia
☐ psicologia	☐ poesia	☐ letteratura	☐ saggistica
☐ politica	☐ fiabe	☐ teatro	☐ cucina
☐ architettura	☐ arte	☐ magia	☐ musica
☐ giallo	☐ orrore	☐ fantastico	☐ avventura
☐ fantasy	☐ fantascienza	☐ prosa	☐ archeologia

nome .... cognome ....

età .... professione ....

Via .... n. ....

CAP .... Città .... (......)

Prefisso .... Tel. ....

Spedire a: Newton Compton editori
Via della Conciliazione, 15
00193 ROMA
Tel. 06/68803250

TEN 207

Richiesta volumi arretrati

(Spedizione contrassegno senza alcun contributo per spese postali)
N.B. Per richieste di importo inferiore a L. 10.000, inviare, unitamente alla cedola libraria, francobolli di importo pari all'ordine.

Numero collana	Numero copie	Titolo	Importo

Data ______________________ Firma ______________________